PHILIPPE MADRE

Vinde e vede!

O chamado de Deus e o discernimento vocacional

Dados Internacionais de Catalogação na Publicação (CIP)
(Câmara Brasileira do Livro, SP, Brasil)

Madre, Philippe
    Vinde e vede! : o chamado de Deus e o discernimento vocacional / Philippe
Madre ; [tradução Tiago José Risi Leme]. – São Paulo : Paulinas, 2010. – (Cole-
ção pastoral vocacional)

    Título original: L'appel de Dieu : discernement d'une vocation.
    ISBN 978-85-356-2688-9

    1. Exercícios espirituais   2. Interesses vocacionais   3. Ministério - Igreja
Católica   4. Orientação vocacional   5. Retiros espirituais   6. Vida cristã   7.
Vocação   I. Título.   II. Série.

10-07581   CDD-253.2

Índice para catálogo sistemático:

1. Vocação : Perspectivas teológicas : Cristianismo 253.2

Título original: *L'appel de Dieu, Discernement d'une vocation*
© Editions des Beatitudes, S.O.C., 1991.

1ª edição – 2011
1ª reimpressão – 2012

Direção-geral:
Flávia Reginatto

Editores responsáveis:
Vera Ivanise Bombonatto
Antonio Francisco Lelo

Tradução:
Tiago José Risi Leme

Copidesque:
Mônica Elaine G. S. da Costa

Coordenação de revisão:
Marina Mendonça

Revisão:
Marina Siqueira

Assistente de arte:
Sandra Braga

Gerente de produção:
Felício Calegaro Neto

Projeto gráfico:
Telma Custódio

Capa e diagramação:
Manuel Rebelato Miramontes

Nenhuma parte desta obra poderá ser reproduzida ou transmitida por qualquer forma e/ou quaisquer meios (eletrônico ou mecânico, incluindo fotocópia e gravação) ou arquivada em qualquer sistema ou banco de dados sem permissão escrita da Editora. Direitos reservados.

Paulinas
Rua Dona Inácia Uchoa, 62
04110-020 – São Paulo – SP (Brasil)
Tel.: 2125-3500
http://www.paulinas.org.br – editora@paulinas.com.br
Telemarketing e SAC: 0800-7010081
© Pia Sociedade Filhas de São Paulo – São Paulo, 2011

Introdução

Ser chamado por Deus leva à maior felicidade que se pode oferecer a uma pessoa neste mundo. Ser chamado por Deus constitui uma das provas mais evidentes de seu amor. Ser chamado por Deus revela ao ser humano o sentido de sua existência.

Deus chama... mas como? Inúmeros são os cristãos que procuram seu lugar, sua vocação. Inúmeros são aqueles que, tendo recebido o dom da fé, desejam fazer algo de sua vida, com Jesus e para ele.

Há muitos anos nós animamos retiros de discernimento vocacional e não deixamos de ficar fascinados diante da estratégia de amor que o Espírito põe em ação para fazer chegar à consciência humana o grande desejo por Cristo na vida de cada um. A estratégia nunca é a mesma; o desejo nunca é o mesmo, pois somos únicos aos olhos do Senhor.

Contudo, esse chamado se encarna numa história, em nossa história, e é em seu seio que pode ser reconhecido. Podemos, mais do que pensamos, discernir o que Deus espera de nós, embora isso não deixe de ser tarefa bastante delicada, para a qual nos falta certa habilidade.

Muitos dos que fizeram retiro conosco desejaram que editássemos um livro sobre o conteúdo desse retiro; é por isso que finalmente ousamos fazê-lo, porém, com algumas ressalvas. Uma ressalva... Por quê? Este livro não é "mágico" nem dá por si só a resposta que seu leitor avidamente esperaria. Tampouco traz uma receita que se poderia simplesmente seguir para conhecer seu próprio chamado.

Este livro não nos dispensa em hipótese nenhuma da necessidade de um percurso pessoal, ou dos meios tradicionais (que já deram prova de eficácia) a serem utilizados para que possamos nos colocar à escuta da sabedoria de Deus a nosso respeito: oração, interioridade, retiro, aconselhamento espiritual, amadurecimento progressivo de uma situação etc.

Este livro é um resumo da maioria das conferências dadas ao longo de nossos retiros de eleição. Não convém lê-lo de maneira linear, contínua, como um romance policial, cujo desfecho gostaríamos de saber o mais rápido possível. Sua estrutura não é sequencial, mas concêntrica, o que significa que ele aborda a questão de nosso chamado, considerando-a sob vários ângulos diferentes. Cada um desses ângulos poderá lançar luz sobre um campo da vida que nós muitas vezes desconhecemos, no qual temos dificuldade de ver a ação do Espírito Santo e que, no entanto, está absolutamente implicado no reconhecimento do chamado.

O procedimento proposto neste livro é o de se permitir fazer um balanço sobre a própria vida, o qual seja ao mesmo tempo uma abertura à luz divina. Avaliar a própria vida num plano meramente intelectual é, em última análise, inútil. Somos levados a uma dimensão mais intuitiva do que cerebral, pelo que convidamos o leitor que realmente estiver em busca de sua vocação a fazer de sua leitura como que um pequeno retiro, a ela agregando longos momentos de oração pessoal, meditação e reflexão. Quisemos limitar nestas páginas a quantidade de exemplos, os quais facilitariam, no entanto, o entendimento do texto muitas vezes denso. Todavia, os exemplos também têm a desvantagem de frequentemente falsear um discernimento sobre si mesmo, em razão da enorme facilidade com a qual é possível reconhecer-se neles! A experiência mostra que as aparentes semelhanças de situação podem induzir ao erro, quando nos mantemos numa leitura bastante superficial ou rápida.

Cada capítulo deverá ser considerado em si mesmo, assimilado por meio de interiorização e aplicado sem temor à própria vida. As últimas linhas de cada um deles quase sempre trazem uma proposta – uma espécie de trabalho prático pessoal – cuja resposta (à qual o leitor é convidado, caso queira, por escrito, na forma de diário espiritual, de preferência!) será lenta e profundamente amadurecida, e encontrada na sinceridade para consigo mesmo... e para com Deus!

Mais vale – sem sombra de dúvida! – passar vários dias num único capítulo, para bem compreendê-lo, para descobrir o que ele desperta em nós, para deixar que nossas faculdades intuitivas se desenvolvam nesse domínio. Faculdades intuitivas? Nós as temos e é quase sempre por elas que o Espírito Santo nos instrui. Contudo, as utilizamos muito pouco, pois os "barulhos do mundo" nos entorpecem a alma e paralisam de um modo ou de outro nossa escuta interior, nossa capacidade de mergulhar dentro de nós mesmos para encontrar em nossas profundezas aquele que ali habita: Deus.

Portanto, é muito mais à aplicação da intuição do coração do que ao exercício da razão que a empreitada deste livro nos convida. E se alguém responder, como bom cartesiano, que a intuição é subjetiva (o que não é mentira), lembremos que a razão, por sua vez, tem seus limites. Entretanto, uma não exclui a outra.

A ajuda de um diretor ou de um guia espiritual é bem-vinda, para que se possa viver da melhor maneira possível essa empreitada, o qual é essencialmente pessoal, embora possa ser vivida em dupla, pautando-se sobre os mesmos elementos. Se a percepção de um chamado se tornou possível por meio dessa "leitura-retiro", ela jamais se fará sem a leitura e o consentimento daquele que a viveu. É ele, e não um outro para ele, quem dará um desfecho, se puder fazê-lo, a essa disposição interior, reconhecendo a luz que tiver recebido quanto a seu chamado. Todavia, como foi dito antes, um conselheiro espiritual é de precioso auxílio para uma ratificação possível dessa experiência.

Cada capítulo serve como preparação à conclusão que se encontrará no fim do livro. Tal conclusão, com efeito, não é única, pois o próprio leitor é quem a dará, ao colocar o dedo da inteligência e do coração sobre aquilo que lhe parecer ser seu chamado, com maior precisão ou coragem (esperamos!) do que antes da leitura.

As cinco perguntas finais são como que o trampolim para o reconhecimento ou o aprimoramento de nossa vocação. É aconselhável não lê-las antes da hora. Sua aparência insignificante é enganadora, pois a resposta que se dará a elas, quando for feita num impulso de verdade e sinceridade, é extremamente alusiva ao chamado de Deus sobre nossas vidas. É por isso que essa resposta deve imperativamente ser preparada e possibilitada por todo ângulo de consideração que nos oferecem os seis capítulos desta obra.

Qualquer precipitação na leitura é inútil; e se, ao longo desta empreitada, sentirmos uma reticência interior quanto a um dos assuntos tratados, não hesitemos em suspender a leitura ou passar para outro capítulo, com a liberdade de voltar a ele oportunamente. Cada um dos seis ângulos abordados em nossa leitura deve finalmente nos deixar em paz profunda, particularmente na resposta à última interrogação nele contida, sob o título de "Trabalhos práticos". Sem essa paz interior, é preferível retardar a conclusão para a qual o "leitor de retiro" é convidado.

Que o Espírito Santo guie todos no caminho da sabedoria divina e, se for de seu agrado, a um maior esclarecimento sobre seu chamado. Que o espírito de oração jamais falte durante a leitura e a meditação pessoal destas páginas. Que o amor de Deus invada o coração dos leitores e os faça descobrir a grande felicidade que encontramos ao seguir o Cristo na Igreja.

CAPÍTULO I
Os questionamentos do coração humano

É comum e recorrente a evidência de que o coração humano seja habitado e frequentemente atormentado por múltiplas questões para as quais ele ardentemente quer a resposta. Por meio de seu trabalho, de sua reflexão, de sua procura, de sua meditação, de sua oração, ele é capaz de receber tal resposta... Mas nem sempre!

Estas proposições não têm a pretensão de ser filosóficas, mas pretendem, sim, salientar a existência desses questionamentos e sua legitimidade. É normal que o ser humano, justamente por causa de sua humanidade, coloque para si mesmo e para os outros, nesta ou naquela circunstância, a famosa pergunta: "Por quê?"... Também diante de Deus, quando se dispôs a crer em sua existência.

Encontrei tantas pessoas crentes que pensavam seriamente que questionar a Deus era terminantemente proibido, pelo fato de que a Onipotência divina não toleraria nenhum questionamento no coração humano. Enorme erro! O próprio Deus espera que o questionemos... Entretanto, não deixa de ser importante o modo como o fazemos! Não podemos questioná-lo por intermédio da magia, da adivinhação ou de qualquer apoio que se possa buscar nas forças ocultas.

Também não podemos interrogar a Deus com um espírito reivindicador, como se acreditássemos que é sua obrigação responder-nos como e quando quisermos.

Podemos questionar a Deus como um filho faz a seu pai, com confiança e paciência, certos de que a resposta nos será dada no tempo correto, quando estivermos prontos para "assimilá-la".

1. Os dois tipos de questionamentos

Para simplificar, constataremos que somos habitados por duas espécies de questionamentos, a saber.

Os questionamentos "com a medida humana"

Trata-se aqui dos questionamentos relativos a todos os campos da vida humana e cujas respostas estão ao nosso alcance, ainda que não nos sejam imediatamente acessíveis.

Ao observar a queda de uma maçã, o físico Isaac Newton perguntou para si mesmo: "Por que ela caiu em direção ao chão?"... E foi assim que, após longa reflexão, encontrou-se a resposta contida na teoria da gravidade.

Essa resposta já estava ao alcance de Newton, e talvez tenha sido ele o primeiro a formular a pergunta...

Assim, em todos os âmbitos de nossa vida, de acordo com as circunstâncias, espontâneas ou determinadas por nós mesmos, somos confrontados com perguntas cujas respostas nos são (ou serão) acessíveis.

Os questionamentos que ultrapassam o humano

No entanto, existe uma outra série de perguntas, cuja resposta racional jamais será, neste mundo, acessível a nós.

Foi-se o tempo, não muito remoto, em que se pensava que os progressos da ciência e o desenvolvimento da inteligência humana permitiriam que se resolvessem as questões mais fundamentais. Essa hipótese foi abandonada...

Sabe-se agora, com exceção de alguns obstinados, que a pessoa carrega consigo alguns questionamentos para os quais ela nunca poderá dar a resposta: "Quem sou?", "Por que existo?", "Por que existe o sofrimento ou a morte?", "Como será minha morte?" etc.

Esses questionamentos apontam, de uma maneira ou de outra, para o sentido mesmo de nossa vida, para aquilo que determina nossa identidade e os desfechos de nossa existência. Há no coração humano uma vontade de sentido para sua vida, o que é profundamente legítimo. Torna-se grave quando não nos interrogamos mais ou quando tais interrogações ficam anestesiadas em nós.

Entretanto, a resposta a essas dúvidas que ultrapassam o indivíduo só será dada por Outro... Deus.

Penso na história real de um jovem boxeador judeu, de origem grega e tão pouco "crente em sua fé judaica". Preso durante anos no campo de concentração de Auschwitz, ele só teve sua vida salva graças a sua habilidade na luta sobre o ringue. Seu chefe de campo organizava disputas de boxe; se o jovem judeu perdesse – uma única vez –, ele morreria... Ele sobreviveu a duzentos combates, obtive a cada vez a vitória e pôde presenciar a libertação de 1945.

Entretanto, ainda hoje, com seu testemunho de vida, esse homem "milagroso de Auschwitz", grita: "Por que eu?... Por que estou vivo, eu?". Ele viu centenas e centenas de companheiros de cela serem levados para as câmaras de gás e ele, somente ele entre milhares, conseguiu escapar.

Por quê? Essa pergunta áspera o projetou quase que involuntariamente na evidência de Deus, talvez de maneira paradoxal... e mesmo revoltada, diante do espetáculo de tantas aberrações ao seu redor. Mas isso não impediu que a resposta a seu grito de *por quê* fosse em Deus encontrada, numa compreensão para além de sua própria inteligência, de sua própria razão: sua vida está nas mãos de Deus!

Seria natural o ímpeto de retorquir: mas e a vida de milhões de outros brutalmente assassinados? Contudo, não se pode responder ao escândalo do mal aplicando um processo a Deus.

2. A resposta humana

Esses questionamentos que ultrapassam a pessoa não são uma "anomalia da natureza". Ao contrário: eles manifestam como um "vazio", uma falta de plenitude ou de realização que deve ser preenchida. São uma provocação a que procuremos a realização de nosso próprio ser, de nossa própria identidade, que não é uma autorrealização, um desenvolvimento por nós mesmos. Essa realização daquilo que somos e a que aspiramos só pode se concretizar numa relação de comunhão com Deus. A isso é que as interrogações devem nos atrair, desde que a resposta que lhes dermos não nos faça afundar, não nos conduza ao impasse, à ilusão ou à mentira.

De maneira geral, podemos distinguir no comportamento humano três maneiras (absolutamente diferentes!) de responder às perguntas relativas ao sentido da existência. Ao longo de sua vida, alguém pode oscilar de uma a outra, ou então se fixar nesta ou naquela.

O primeiro modo de resposta é a fuga

Muitos de nossos contemporâneos passam a vida fugindo desse tipo de dúvida, muitas vezes sem mesmo perceber. As faces dessa fuga preliminar são múltiplas e variadas, por vezes imperceptíveis. Citarei apenas alguns exemplos:

O pretexto da falta de tempo. Quantas vezes ouvimos: "Não tenho tempo a perder com isso... Tenho muita coisa a fazer..." etc. Como se nossas ocupações, quaisquer que sejam, mesmo as mais louváveis, fossem suficientes para nossa vida, ou como se o sentido dela não nos dissesse respeito! Ocupar o tempo de uma vida não implica obrigatoriamente lhe dar um sentido ou fazê-la chegar à realização. Longe disso!

A **filosofia do absurdo** também constitui uma fuga magistral, pela qual muitos se deixam levar. Assim, esses questionamentos acabam sendo peremptoriamente designados como inúteis ou ilusórios, e a existência é vista como uma emanação contínua do acaso, de modo que fazê-la refletir um sentido consiste no mais completo absurdo, sendo assim necessário "criar para si uma razão" ou abrir os olhos, já que essa pergunta não tem resposta, pois a resposta não existe! Aqui, estamos diante de uma forma de orgulho da inteligência que só pode levar ao seu obscurecimento.

O desespero é sem dúvida a forma mais terrível de fuga preliminar. É uma das maiores doenças sociais (e espirituais) de nossa época e seus sintomas permanecem por muito tempo imperceptíveis.

Não estou falando aqui do desespero como reação a um trauma afetivo ou a uma derrota (por exemplo), mas da fuga mais ou menos suicida para o desespero quanto ao valor da existência, quanto à qualidade de uma vida e história humana.

Trata-se de uma espécie de demissão progressiva, talvez não muito consciente no início, quanto à responsabilidade diante do fato de que "vale a pena" viver, e viver profundamente... Enfim, vale a pena crer na pessoa que sou.

As estatísticas têm muito a dizer nesse sentido: o Canadá, país no qual os jovens têm as melhores condições de vida em relação aos outros países do mundo, tendo assim todas as razões para ser felizes, é também o país onde os jovens mais se suicidam... Essa é uma boa razão para refletir sobre o porquê da existência e a noção de felicidade!

Não ignoremos que os psiquiatras, a escola mundialmente conhecida de V. Frankl em particular, constataram há mais de vinte anos o surgimento de uma nova modalidade de depressão nervosa nas sociedades mais desenvolvidas: a noogene.

Trata-se de uma depressão específica, que engloba de 15 a 20% de todas as depressões e não se origina de um conflito psicológico, mas de uma questão de ordem mais espiritual (em sentido amplo), relativa à ausência de um verdadeiro sentido à existência: a pessoa se torna depressiva por não procurar ou encontrar resposta às perguntas existenciais.

O segundo modo de resposta é um investimento num valor humano

Compreendamos bem: não se trata aqui de fazermos um julgamento dos valores humanos... A não ser daqueles que são pervertidos ou mentirosos. **Os valores morais, humanos ou pessoais são primordiais para o equilíbrio de uma sociedade e de um indivíduo.** Além disso, são referenciais para a busca e promoção desse equilíbrio. Porém, seja qual for sua qualidade, eles não constituem um fim em si mesmos. Em outras palavras: nenhum deles pode realista e duravelmente se tornar o sentido de uma vida, a resposta a um questionamento fundamental da alma.

Qualquer valor humano construtivo não será mais do que instrumental. Ora, muitas pessoas, crentes ou não, pelo menos durante um período de sua vida, investem em um ou em vários desses valores.

Alguém poderá objetar que tal investimento é melhor do que a fuga, a respeito da qual falamos anteriormente. Pode ser, porém, qualquer valor humano, por mais admirável que seja, ao ser valorizado como a finalidade última de uma vida, torna-se algo que aprisiona a pessoa, fechando-a em si mesma. Por melhor que seja, ele não passa de um valor humano, portanto limitado. Tal finalidade, desejável no início, acaba por finalmente fabricar para si uma ideologia. Muitas ideologias, causas de múltiplos sofrimentos, nasceram de tal investimento num valor humano. Ora, o que é apenas humano, ainda que seja bom e belo, não pode realizar o homem e saciar sua sede de sentido e de absoluto.

Alguns exemplos nos permitirão um melhor entendimento: a justiça é um admirável valor humano. Enquanto humanos, todos somos convidados a desejá-la, a procurá-la. Mas a justiça não é uma finalidade existencial. Não podemos "consagrar a vida" à justiça. Tenderíamos a fazer dela um ídolo, apesar de sua evidente qualidade moral.

O mesmo se pode dizer a respeito da não violência. Os que militam a favor dela, "sacrificando-lhe" boa parte de suas vidas, fazem dela uma ideologia. Eles mesmos constroem, com gradativa exclusividade, o conceito de não violência, tornando-o um "falso deus" para sua existência, ou seja, tomando-o como motor, sentido e fim essencial de sua vida.

No entanto, a não violência, em si mesma, é uma coisa boa e merece ser promovida. Mas esse investimento, quando vivido radicalmente, leva ao risco do "ofuscamento de Deus". Com efeito, somente Deus é capaz de revelar o sentido de uma vida.

Outros valores, louváveis em si, poderiam ser citados, tal como a família. Quem negaria a importância dela, da qual nosso mundo tanto necessita? Entretanto, existem algumas maneiras de se investir numa ideia de família que são limitantes e prejudicam sua fecundidade, pois a família não encontra em si mesma o próprio sentido, recebendo-o de Deus.

Evocarei por fim o exemplo da arte, que também constitui um dos valores primordiais de uma sociedade. Dedicar-se a um tipo de arte fazendo dele a "substância" da própria vida se torna profundamente narcisista, engendrando uma espécie de evidente isolamento em si mesmo. Contudo, convém cultivar as próprias aptidões artísticas. Mas uma coisa é praticar a própria arte para si (ainda que isso lhe proporcione milhares de admiradores) e outra, completamente diferente, é vivê-la numa relação de dependência de um Outro... – em termos bíblicos, poderíamos dizer: diante da face de Deus.

Um terceiro modo de responder consiste numa abertura para Deus

Aceitar que a existência depende de um Outro de quem a recebemos, que pousa o olhar sobre nós e se torna como que nosso interlocutor (e por que não nosso amigo!): nisso consiste, de modo geral, a abertura a Deus. Nesse sentido, **a noção de fé é fundamental**, na medida em que não se pode aceitar realmente a presença divina sem um mínimo de fé. Não obstante, ainda assim essa mesma fé pode ser manchada por concepções equivocadas quanto a esse Deus que é considerado como aquele que me criou e espera algo de mim. Voltaremos a esse assunto dos medos presentes em nós noutro momento.

No estágio em que nos encontramos, basta-nos saber, para melhor situar-nos, que existem duas maneiras de abrir-nos a Deus. Todos aqueles que estão em busca de seu chamado têm evidentemente a fé. Sem ela, mesmo lhes parecendo morna ou frágil, eles não se colocariam em hipótese nenhuma a pergunta sobre sua vocação. Dessa maneira, situamo-nos na evidência da fé: Deus existe e, de um modo ou de outro, eu o encontrei; encontrei esse Deus de Jesus Cristo, e sua graça já começou a trabalhar em mim, a ponto de fazer germinar um desejo de segui-lo, de servi-lo e amá-lo.

Neste momento, como me posiciono diante dele? Como é que o acolho? Como é que "gerencio" minha relação com ele, no contexto do meu chamado?

É aqui que duas maneiras de abrir-me a ele se mostram importantes. De fato, o inventário é bem mais abrangente, mas é certo que nossa atitude se articula em torno de um destes dois eixos:

a) Eu mesmo dou um sentido a minha vida, sob o olhar de Deus. Creio nele, sei que sou chamado... E decido, sem dúvida com a melhor intenção possível, o que me convém fazer com minha vida por ele. Reconheçamos que inúmeros cristãos "resolveram" assim a questão de suas vocações: manter a iniciativa (com toda honestidade, na maioria das vezes) de seus empreendimentos, de suas decisões... tudo fazendo na fé, naquilo que se considera bom para a glória de Deus e o serviço da Igreja.

b) Permito que Deus me faça perceber meu próprio chamado, que pode me surpreender. Coloco-me a sua disposição para receber – e não decidir sozinho – o que ele espera de mim. Às vezes precisarei ter paciência, deixar que ele me amadureça, para que seu desejo a meu respeito seja bem recebido em minha alma. Às vezes também, ele me parecerá muito apressado e manifestará rápido (talvez rápido demais, na minha opinião) esse chamado. A diferença em relação ao primeiro eixo é esse movimento de abandono confiante e vigilante, de modo algum passivo, que caracteriza minha disposição pessoal: ele tem uma expectativa especial a meu respeito; cabe a ele me revelar seu desejo, ao mesmo tempo que devo colocar-me em atitude de escuta...

É inútil acrescentar, sem comparação de valor, que esta segunda atitude é preferível para Deus, pois ela o deixa livre para me falar como a um amigo e de acordo com minhas capacidades, na situação em que me encontro.

Deus acolhe de bom grado todos os esforços, todas as disposições que vão no sentido de o servir, de se colocar no seu seguimento, de promover a verdade do Evangelho.

Por isso ele é grato para com aqueles que organizam suas vidas nos moldes da fé (primeiro eixo). Mas seu Amor "foi feito" de tal modo que ele gosta que o deixemos manifestar-se a nosso respeito, no contexto de um chamado, por exemplo.

3. Uma existência habitada por Deus

A experiência da escuta que fizeram muitíssimas pessoas que estão no caminho de Cristo me sugere uma conclusão audaciosa: parece-me claramente que o verdadeiro sentido de minha vida, antecipado pela descoberta de minha vocação, só pode ser *recebido*. Possivelmente será necessário tempo, será preciso errar, revoltar-me e nada compreender para que eu seja encontrado na possibilidade de *receber* a luz do Senhor. No entanto, jamais conseguiremos nos apropriar dela. Talvez Deus deixe escapar alguns de seus reflexos, quando eu tentar captar essa luz de maneira muito voluntária. Ele pode aceitar ser um tanto maltratado por minha insistência ou minha temeridade e, considerando meus esforços (e talvez minhas boas intenções), pode me conceder, segundo as circunstâncias, este ou aquele raio de sua luz.

Mas ousemos repetir que, no fim das contas, essa luz só pode ser recebida. E no que diz respeito ao chamado que sobre mim repousa, ainda que me pareça já ter começado a me pôr – por iniciativa própria – no seguimento de Cristo, permanecerei insatisfeito no mais profundo do meu ser enquanto não tiver consentido em receber este dom de Deus que é a luz sobre minha vocação. Sim, enquanto eu quiser dar a mim mesmo, na fé, meu próprio chamado, enquanto eu assim dele fugir, cada vez mais a insatisfação persistirá no meu coração, com a impressão de que não cheguei à verdadeira luz, nem àquilo pelo que realmente fui feito.

Devo aprender a receber de Deus sua própria sabedoria sobre minha vida. Somente ela será capaz de realizar minha felicidade. Isso não quer dizer, todavia, que eu deva estar submetido a uma vontade divina como um fantoche nas mãos de um ator.

O essencial é deixar jorrar em meu nível de consciência aquilo que já carrego dentro de mim (na ordem dessa sabedoria) e que está bastante entulhado ou sufocado por todos os tipos de revolta, de medo, ou de desejos multiformes e frequentemente contraditórios. O que me cabe compreender, antes de tudo, é que Deus *já* espera de mim aquilo que ainda desconheço (talvez). E se ele espera, quer dizer que *já* me deu a graça e a força necessárias para cumpri-lo.

Exercício espiritual

- Qual é meu modo atual de responder aos questionamentos sobre minha vida, a partir das categorias desenvolvidas até aqui?
- Tendo havido outros, em etapas anteriores de minha existência, quais foram?

CAPÍTULO II

Alguns chamados da Bíblia

Muitos personagens das Escrituras foram chamados explicitamente por Deus ao seu serviço. Não podemos deixar de nos maravilhar diante da incrível diversidade de tais chamados. Em sua insondável sabedoria, Deus jamais os realiza da mesma maneira, adotando com cada pessoa uma pedagogia particular, de acordo com a história particular e a situação de cada um. Não há nenhuma regra preestabelecida no "**método de chamado**" de Deus, mas uma ou outra dessas maneiras de chamar pode se aproximar de nossa caminhada pessoal e nos iluminar.

Muitos, com efeito, *já* são chamados e não se dão conta disso, ou desejam "**provas**" suplementares. Quando nos inclinamos sobre certo número de exemplos bíblicos, podemos nos sensibilizar diante de uma ou mais experiências de chamado de Deus. Nossas considerações não têm a pretensão de ser uma exegese rigorosa de algumas passagens bíblicas, mas uma evocação, acompanhada por alguns comentários, sobre a maneira como Deus "**atuou**" para chamar homens e mulheres ao seu serviço.

Este estudo certamente não será exaustivo, mas será capaz de apoiar um discernimento relativo a uma pedagogia de chamado do Senhor.

1. Abraão

Em sua profundidade, o chamado de Abraão esquematiza substancialmente todas as formas de chamado, e cada um de nós pode, de um modo ou de outro, encontrar-se em sua história.

> Iahweh disse a Abrão: "Sai da tua terra, da tua parentela e da casa de teu pai, para a terra que te mostrarei. Eu farei de ti um grande povo, eu te abençoarei, engrandecerei teu nome; sê uma bênção!" (Gn 12,1).[1]

De fato, a história de Abraão começa verdadeiramente a partir do momento de seu chamado. Antes de Deus intervir em sua vida, o texto bíblico não nos mostra nenhum detalhe a seu respeito, como se quisesse nos apresentar o momento do chamado de Abraão como o instante de seu verdadeiro nascimento.

É interessante notar que Abraão é chamado antes de Deus fazer uma aliança com ele, pois Deus o chama justamente com vistas a essa aliança.

Abrão... Abraão... Por que tal mudança ortográfica em nome tão importante, senão pelo fato de Abraão ter-se tornado outro homem? Não outra criatura, totalmente diferente da anterior; de fato, a diferença é extraordinariamente maior: a partir do momento que Deus faz aliança com o homem, ele "o habita".

Em hebraico, a mudança de nome é significativa. O que se acrescenta na ortografia do nome de Abraão, por conta da aliança que Deus estabelece com seu eleito, é a consoante

---

[1] As traduções dos trechos bíblicos foram extraídas da *Bíblia de Jerusalém*. São Paulo: Paulus, 2002.

típica do tetragrama sagrado, do nome próprio de Deus, impronunciável para um israelita, e que algumas de nossas traduções bíblicas nos apresentam como Iahweh (Javé). Essa consoante especial, inerente ao nome divino, é o "hé", que equivale ao "A" em Abraão.

Com a aliança, Abrão se torna Abraão, homem "marcado" por Deus, de algum modo "selado" em Deus ou habitado por ele. Mas deixemos de lado essas considerações alegóricas para nos alongar um pouco mais nos elementos principais do chamado divino dirigido ao pai de todos os crentes. Abordaremos três deles.

O primeiro elemento é essa evidente necessidade para Abraão, como também para toda pessoa que opta por seguir o Senhor, de deixar... algo ou alguém (ou os dois). Essa espécie de **distanciamento** ou de **despojamento**, muitas vezes com aparência dolorosa, é de forma variável em natureza e em quantidade. Esse distanciamento/despojamento pode se realizar mais ou menos progressivamente, por etapas sucessivas ou somente em certos domínios da vida. Seja como for, todo chamado comporta esse princípio de "deixar...".

"Sai da tua terra, da tua parentela e da casa de teu pai..."

Para Abraão, esse despojamento foi radical e, por assim dizer, completo!

Ainda que esta não seja a sorte de todo escolhido: existe a cada vez uma indispensável renúncia a se fazer. Não que seja algo ruim isto a que somos convidados a renunciar. Mas o que está em jogo é o fato de o Senhor querer nos introduzir numa outra dinâmica. O que constituía anteriormente nosso caminho habitual, nosso estilo de vida, nosso ambiente... perde seu caráter prioritário. Uma perspectiva nova se delineia, implicando uma ou outra renúncia – voluntária de nossa parte –, para que possamos entrar melhor em sua concretização.

Não é uma questão de "ser obrigado a..." ou de dever imperativamente se privar de... Trata-se, ao contrário, de uma questão de preferência. Desejando seguir o Senhor segundo a luz que ele nos dá, o que, ou melhor, quem haveremos de finalmente preferir? Pois uma escolha autêntica e livre não permite tolerar elementos que poderiam derrubar seus alicerces.

Cristo é, a esse respeito, pontual: "aquele que não renuncia... nem mesmo à própria vida, não pode ser meu discípulo" (cf. Lc 14,26). Essa palavra só pode ser assimilada na ordem de uma preferência radical, e não de uma exortação rígida, lida num sentido muito literal.

Tomemos o exemplo de uma relação familiar, ou de uma grande amizade, ou de um gosto pronunciado por isto ou aquilo. Em si, devemos repetir, não se trata necessariamente de uma tendência ruim ou de um pecado grave... Mas isso nos ajuda a preferir o Senhor, seguindo a via que se abre diante de nós, ou tal persistência compromete em nosso coração essa benfazeja preferência, motriz de todo chamado?

Deus pode, melhor do que nós, responder a essa interrogação; e se ele nos pede esta ou aquela renúncia, nunca é para operar em nossa vida um tipo de amputação. É para nos abrir o caminho que ele nos propõe deixar isto ou aquilo, a fim de favorecer a fecundidade e o dinamismo de nossa vocação.

Essa vocação, com efeito, não tem nada de estática. Ora, seguir o Senhor segundo um chamado preciso, recusando o famoso princípio do "deixar", nos expõe a certa estagnação em nossa vida apostólica e espiritual. Tal estagnação equivale a uma regressão, enquanto a resposta a um chamado é sempre um convite a ir adiante.

O segundo elemento do chamado de Abraão consiste na **imprecisão relativa** à finalidade de sua viagem, ou de sua aventura com Deus.

"Sai... para a terra que te mostrarei."

Poderíamos acrescentar: "Que eu te mostrar mais tarde".

Efetivamente, Abraão partiu sem saber aonde ia. Ele não tinha "plano de viagem" nem um mapa claramente definido com o qual pudesse concordar. O objetivo era desconhecido (ou quase) e havia de ser descoberto dia após dia.

Frequentemente, na percepção de um chamado, o Senhor nos faz pressentir algo; ele nos sugere um esboço de direção a tomar. Mas não sabemos tudo preliminarmente; ignoramos para onde essa viagem nos levará e quais serão suas etapas ou dificuldades. Deus seria "avarento" de informação?... De uma informação cujo recebimento consideraríamos legítimo, mesmo porque desejamos nos pôr em seu seguimento.

Abismo insondável da pedagogia e da sabedoria de Deus... extremamente distantes de nossa lógica essencialmente humana! Na maior parte das vezes, o Senhor esperará que nós ousemos dar o primeiro passo, ainda que o chão nos pareça pouco firme. Ele se encarregará de tornar firme a terra que pisarmos.

Muitos cristãos não ousam dar esse primeiro passo, convencidos de que a terra sobre a qual caminharão deve estar precedentemente firme para eles. Jamais teremos as provas necessárias que nos deixariam seguros em nossas incertezas; nunca teremos "seguro de vida" (no sentido jurídico do termo) da parte de Deus. **A resposta a um chamado não pode prescindir de um exercício de confiança** naquele que nos escolheu!

Com efeito, isso vai contra uma lógica humana e "racional", segundo a qual deveríamos assinar um contrato somente depois de ter cuidadosamente estudado cada cláusula, para que se possa estar certo de "não entrar numa fria". Devemos repetir que é normal, no limiar de nossa resposta, experimentar essa sensação de salto no escuro... de salto na fé, no fim das contas.

O terceiro elemento do chamado de Abraão é a **promessa** de que ele é depositário.

"Eu farei de ti um grande povo, eu te abençoarei, engrandecerei teu nome."

Aqui, a promessa é de uma numerosa descendência, enquanto Abraão e Sara já são de idade bastante avançada e não têm filhos. Promessa *a priori* impossível de se realizar, sendo motivo de surpresa e inquietação. Seriamos tentados a considerá-la tão desproporcional quanto excessiva. Entre um casal já velho e estéril convidado a deixar seu país e a certeza de uma descendência futura que fará de Abraão o pai de um grande povo, há como que um descompasso.

Tal raciocínio, comum nas pessoas que pressentem um chamado, está equivocado. Em sua sabedoria, Deus sempre nos chama para grandes coisas, visíveis ou escondidas aos olhos humanos. Ele nunca pede a ninguém para deixar tudo... a troco de nada. Deus enxerga longe no que diz respeito a cada um de nós e deseja sempre dar em abundância.

Há só uma coisa a nosso respeito que infelizmente impede o Senhor de ir até o fim da realização de suas promessas: nossa falta de confiança e de audácia. Tal morosidade constitui uma primeira enfermidade na caminhada em direção ao Senhor, como se fosse impensável que Deus possa ou queira nos preencher tanto!

É preciso deixar claro, entretanto, que não podemos – salvo raras exceções – nos beneficiar imediatamente dos efeitos e dos frutos da promessa que acompanha nosso chamado, pois ela existe apenas em esperança, realizando-se à medida de nosso crescimento na fidelidade do amor.

Não devemos reivindicar o usufruto da promessa, ainda que tenhamos enfrentado os maiores desafios para responder a um chamado divino.

Não temos "direito" sobre Deus, como aquela pessoa que argumentava com seu Senhor: "Eu te dou isso e aquilo, mas sei que me devolverás em abundância, pois me prometeste (cf. Lc 18,29-30)... Então, agora que fiz o que me pediste, dá-me o que me deves!".

Esse espírito reivindicador, embora se baseie na palavra de Cristo, nada tem de evangélico. Não podemos fazer da caridade e da "educação divina" um comércio.

Por meio dos acontecimentos, Deus gosta de "testar" nossa fidelidade e nossa confiança nele, não como um examinador que aprova ou desaprova, mas como um Pai que se alegra ao observar os progressos de seu filho predileto. Ele gosta de nos ver crescer e amadurecer na doação de nós mesmos, quando decidimos espontaneamente fazê-la.

O que ele nos dará "em troca" não será obrigatoriamente aquilo que tivermos "largado" para segui-lo (às vezes sim, quase sempre não). De qualquer maneira, porém, ele nos beneficiará, em abundância, do modo como jamais poderíamos precedentemente imaginar, enriquecendo-nos com bens incomparavelmente superiores àqueles insignificantes que teremos consentido em abandonar para segui-lo.

2. Pedro

É significativa a história de Simão Pedro, que se assemelha em muitos aspectos a tantos relatos de chamados.

> "Faze-te ao largo; lançai vossas redes para a pesca" [...]. Fizeram isso e apanharam tamanha quantidade de peixes que suas redes se rompiam [...]. "Afasta-te de mim, Senhor, porque sou pecador" [...]. "Não tenhas medo, doravante serás pescador de homens". Então... deixando tudo, eles o seguiram" (Lc 5,1-11).

Jesus é comprimido pela multidão, às margens do lago de Genesaré. Pedro, por sua vez, está perto de sua barca, começando a lavar suas redes, tendo passado uma noite sem pescar nada. Certamente ele ouviu falar a respeito desse mestre da Galileia, cujas palavras são transformadoras e que realiza grandes curas... Mas ele não está muito interessado, dando mais importância àquilo que naquele momento o preocupa. Assim, ele continua a lavar suas redes...

É Jesus quem toma a iniciativa de intervir na vida de Simão. De certa maneira, ele entrará no contexto da vida de Pedro, indo encontrá-lo no ambiente que lhe é próprio. O mesmo pode ocorrer em nossas vidas: muitas vezes, "de longe", podemos reconhecer Jesus. Todavia, esse reconhecimento não é suficiente para nos "interessar" realmente e nos aproximar dele. Então, o próprio Jesus vem ao nosso encontro, ali onde estamos. Ele dá o primeiro passo... mesmo quando não lhe pedimos explicitamente.

É verdade que o Senhor sempre dá o primeiro passo, que ele nos precede em tudo e que, quando temos a impressão de ter tomado a iniciativa, ela rapidamente se esvai: ele sempre está à frente! Contudo, isso é claramente mais evidente na vida de alguns, que se surpreendem quando se veem interpelados por aquele a quem não procuravam com plena convicção interior.

Jesus, depois de ter subido à barca de Simão e de ter-lhe pedido para lançar novamente – contra qualquer evidência – as redes, realizará um milagre. Inesperadamente, as redes ficam repletas de peixes, a ponto de estourar.

Pedro não analisa o sentido subjacente a esse milagre. Ele não é mestre nem exegeta. Mas não deixa de perceber que esse tal de Jesus fez para ele um "ato louco". Esse sinal vai inserir em sua vida destinada à rotina do trabalho de pescador uma brecha, permitindo ao Senhor interpelá-lo.

Esse tipo de acontecimento que abre uma brecha no interior de nossa "vida ordinária" é providencial para que Deus possa falar claramente – ou melhor, ser escutado! – por meio dele. A menos que estejamos muito ocupados, sobrecarregados, impregnados de bons pretextos para não escutar, de modo que não o ouvimos.

Essa brecha que nos abre à luz divina pode se constituir através de um acontecimento gratificante, mas também por um acontecimento doloroso. Expliquemo-nos. Ela é gratificante no sentido de nos ser dado viver uma grande graça, transformadora, que confunde nossa inteligência e nos abre a uma indicação divina. Qualquer que seja sua importância, tal acontecimento se assemelha àquele vivido por Simão Pedro (uma bênção inesperada, um alívio, a solução a uma dificuldade que não ousávamos mais esperar etc.).

A brecha também pode se mostrar dolorosa, ainda que seja portadora de frutos. Uma decepção, por exemplo, ou, pior ainda, a doença ou a morte de um ente querido, por mais escandalosa que seja a nossa inteligência, também poderá ser a "oportunidade" de nos voltarmos com maior radicalismo para Deus. Não que Deus tenha verdadeiramente desejado e escolhido esse sofrimento para atrair nossa atenção. No entanto, ele pode permiti-lo, na medida em que é capaz de enxergar para além de nossa provação.

A primeira reação de Pedro diante desse milagre que, para ele, aponta a santidade de Jesus é bastante reconfortante para nós: ele é tomado pelo espanto e pelo medo. Ele, Simão, foi testemunha direta desse acontecimento, que lhe dizia respeito. Deus se fez verdadeiramente próximo... E ele teve medo. "O espanto se apodera dele" (Lc 5,9).

O temor de Pedro é legítimo. Não se trata de um sentimento de pânico qualquer, como quando somos espectadores, porque não atores, de uma cena horrível ou revoltante. Trata-se do temor de Deus, quando somos colocados, de certo modo contra nossa vontade, na presença dele.

Não que nos aconteça, nesse momento, algo abominável, quando a única solução seria a fuga. Ao contrário, é como se essa aproximação da Divindade, essa percepção da presença divina se manifestando ao humano fosse "muito" para nós. Temos tanta dificuldade em tolerá-la, uma vez que ela nos faz pressentir, por "contraste", um pouco de nosso vazio ou de nossa miséria.

"Afasta-te de mim, porque sou pecador" – gritará Pedro (Lc 5,8).

Jesus compreende esse "pânico benemérito" do homem confrontado pela presença divina e tranquiliza Pedro. Ele o conforta, não com palavras bonitas, que amenizam ou maquiam uma verdade (do tipo: fique calmo, isso passa!), mas chamando-o a segui-lo.

Há aqui um paradoxo: depois de ter suscitado uma confusão, Jesus tranquiliza e chama. Isso é humanamente contraditório, pois tal chamado deveria antes causar maior inquietação. E é o contrário que acontece: Simão é estabilizado pelo chamado inesperado e deixa tudo para segui-lo.

Qual a razão de tal paradoxo? Não é somente um homem a chamar um outro... É Jesus! É Deus que, em seu amor, interpela uma de suas criaturas. Quanto maior a intensidade com a qual ele se manifesta a nós, mais ele quer nos confirmar, atraindo-nos ainda mais.

Esse famoso temor infelizmente deixa muitos cristãos paralisados durante anos. Eles não se permitem confirmar e se isolam, ou se fecham em si mesmos, em vez de se envolverem na paz do Senhor.

Mesmo a Virgem Maria conheceu esse temor, no momento da anunciação do anjo: temor de Deus, podemos repetir, completamente normal (diferente do medo causado por nossos sentimentos de culpa). Mas em vez de se fechar nesse temor, ela se abriu livremente, podendo assim acolher "o inimaginável projeto divino" para ela: a encarnação do Filho de Deus.

O segundo chamado de Pedro (cf. Jo 21,15ss)

Pedro foi chamado somente uma vez pelo Senhor, que efetivou o chamado em resposta à profissão de fé do apóstolo: "Tu és o Cristo, o Filho do Deus vivo [...] Também eu te digo que tu és Pedro, e sobre esta pedra edificarei minha Igreja" (Mt 16,16-18).

Todavia, depois de sua ressurreição, Jesus sentirá a necessidade de atualizar, de confirmar e estender o chamado dirigido a Simão Pedro. Os acontecimentos de sua paixão foram perturbadores e, embora estivessem ao lado de seu Senhor, agora ressuscitado, os apóstolos precisam ser confortados e confirmados naquilo que Jesus espera deles e cujas implicações ainda não assimilaram muito bem. É verdade que o Pentecostes ainda está longe; o Espírito Santo ainda não foi derramado sobre eles...

Pedro é aquele que renegou Jesus do modo mais enfático nos momentos de trevas. Mas ele se deixou tocar pela misericórdia. Sem a menor repreensão, Jesus vai "reinstalar" Pedro em seu chamado, permitindo-lhe alcançar uma compreensão profunda de sua vocação. Esse diálogo de amor entre Jesus e Pedro nos abre os olhos para o que Deus espera em primeiro lugar de nossa resposta a seu chamado: "Simão, filho de João, tu me amas mais do que estes?"; e Pedro lhe disse: "Senhor, tu sabes tudo; tu sabes que te amo" (Jo 21,15).

Os discípulos estão às margens do lago de Tiberíades e Jesus ressuscitado aparece diante deles. Depois de comerem juntos, ele se dirige a Pedro e, por três vezes, pergunta-lhe: "Tu me amas?". Essa passagem é bastante conhecida e pode nos sugerir – erroneamente, é claro! – que a tripla pergunta de Jesus está ligada à tripla negação de Pedro no momento da prisão de Jesus, cuja intenção seria, assim, uma espécie de resgate da culpa de Pedro, ou uma maneira de lembrar-lhe de sua tripla traição, para incitá-lo ao arrependimento...

A intenção de Jesus é totalmente outra. O texto grego tem a particularidade de nos oferecer precioso auxílio, na medida em que é mais preciso e sutil do que a tradução brasileira, que emprega o verbo "amar" de modo uniforme, o que não acontece no texto grego, em que Jesus (segundo o evangelista) utiliza dois termos distintos: *ágape*, que expressa o amor de oblação, o dom absoluto de si, e *philia*, que significa uma afeição profunda, uma simpatia evidente, o ato de estimar profundamente.

Assim, em suas duas primeiras perguntas, Jesus (em grego) pergunta a Pedro se ele o ama com amor total, plenamente doado (*ágape*). Pedro ainda não compreende o tamanho da reciprocidade de amor que Jesus espera dele. Por isso responde: "Sim, Senhor, tu sabes que tenho afeição por ti" (*philia*).

Jesus espera de Pedro uma qualidade de amor semelhante à sua, mas que o discípulo ainda não pode lhe dar. Assim, quando Jesus, pela terceira vez, fizer a pergunta a Pedro, será como que para se colocar ao alcance daquilo que o apóstolo pode lhe dar naquele momento. Por isso, ele lhe pergunta: "Tu me amas?", ou seja: "Tens afeição por mim?" (*philia*). Pedro se entristece pela insistência de Jesus e não alcança de fato a expectativa, não realizada, de Cristo a seu respeito. Sua resposta é: "Senhor, tu sabes tudo, tu bem sabes que tenho afeição por ti".

Talvez haja uma decepção no coração de Jesus, a qual Pedro não terá percebido em sua intensidade dramática. Parece mais evidente que Jesus se pôs em harmonia com as capacidades de amar de Pedro naquele momento, não querendo lhe impor exigências de seu divino amor... pois o amor nunca se impõe. Entretanto, **o amor divino está no coração de todo chamado.**

Contudo, ao mesmo tempo que não pôde corresponder (imediatamente) à expectativa de amor de Jesus, Pedro será consolidado cada vez em seu chamado: "Apascenta as minhas ovelhas".

A missão confiada ao apóstolo não lhe foi retirada, muito pelo contrário: Jesus a confirma claramente, e por três vezes, qualquer que tenha sido sua possível decepção.

Alguns chamados da Bíblia

Esse episódio é motivo de conforto para todos nós, que muitas vezes nos sentimos mornos ou vulneráveis na fidelidade de nosso amor a Jesus. Tanto quanto a Pedro, Jesus não nos dirá: "Já que você não pode corresponder ao amor que espero de você, estando o seu coração tão pouco preocupado comigo, então retiro o chamado e a esperança que outrora fiz repousar sobre sua vida". Bem ao contrário...

Todavia, é verdade que nossa vocação se torna verdadeira, forte e consistente por seu "conteúdo de amor" e pela qualidade do dom que fazemos de nós mesmos. Definitivamente, e com o risco de causar espanto, ouso dizer que a forma de nosso chamado importa menos aos olhos de Deus do que o amor com que lhe respondemos e no qual continuaremos a crescer através daquilo que o Senhor nos pede para cumprir em seu nome.

A forma do chamado de Pedro foi a do pastor, a do primeiro pastor... do primeiro papa. A forma do nosso chamado certamente será diferente. Mas nem tudo se resume à forma do chamado. Há também, e em primeiro lugar, a densidade e o zelo do amor que livremente investimos a esse chamado.

De fato, podemos sondar e investigar por um longo tempo quanto à forma que um chamado deve assumir... E no entanto, se o amor já está presente, a resposta já foi dada... e aceita por Deus.

Uma das armadilhas clássicas de uma procura de vocação é se debruçar sobre a forma concreta de um chamado, gastando uma quantidade inimaginável de energia em procurar, aqui e ali, para finalmente encontrar uma resposta à questão de nossa vocação... ao passo que Jesus está simplesmente presente, mendigando nosso amor antes de mais nada, antes de nos indicar o caminho...

Outra "lição" a ser extraída desse "segundo chamado de Pedro" é a seguinte: podemos já ter respondido concretamente, e há muito tempo, a um chamado autêntico... e nos sentir cansados, entediados, mergulhados em certa rotina. Perguntemo-nos então a nós mesmos: "Como estamos em relação ao nosso primeiro amor? Qual é o atual conteúdo de amor na concretização de nossa vocação, independentemente dos desertos interiores que toda vocação é capaz de comportar?".

A **resposta a um chamado divino** é uma exigência contínua de amor e de crescimento no dom de nós mesmos. Quando nos entregamos a Cristo, não convém andarmos sem sair do lugar ou então voltarmos para trás, apesar das provações possíveis (ou do cansaço legítimo). Isso significa um "amornamento" do amor, podendo inclusive asfixiar uma vocação.

3. Mateus

Indo adiante, viu Jesus um homem chamado Mateus, sentado na coletoria de impostos, e disse-lhe: "Segue-me". Este, levantando-se, o seguiu (Mt 9,9).

O chamado de Levi parece simples e claro, e nós muitas vezes gostaríamos que o mesmo ocorresse conosco. A concisão do relato, no qual o autor também é ator, não apresenta um acontecimento banal, que seria evidente. Examinemos com sobriedade o que se passou com Mateus e como foi possível que ele respondesse tão rápido e com tamanho radicalismo à interpelação de Cristo.

Um elemento importante para nossa compreensão é o contexto existencial de Levi, antes da intervenção de Jesus em sua vida. Esse Levi certamente é um judeu, mas um judeu que foi posto à parte da comunidade judaica. Essa noção de comunidade e fraternidade judaica é importante, sobretudo no período de ocupação das tropas romanas, ocupação que incitava os judeus a cada vez mais se ajudarem mutuamente. Mateus é uma espécie de traidor, de apóstata (de qualquer maneira, é assim que os seus o veem), pois se prostituiu com os invasores, aceitando prestar-lhes serviço, ao cobrar impostos para a administração romana. Mateus era um tipo de colaborador desprezado por seu próprio povo.

Não tendo a consciência "limpa", ele certamente deve ter um sentimento de culpa em relação a isso, talvez algum remorso... e sobretudo sentir-se muito só, separado de seus irmãos.

Também nos acontece de experimentar semelhante sentimento de culpa e solidão perante os homens e até mesmo em presença de Deus, por conta de algo que vivemos ou estamos vivendo e que não nos deixa em paz. Esses remorsos nos separam dos outros e engendram um desânimo em relação a nós mesmos, do tipo: "não sirvo para nada...", "não sou capaz de...", "sou um fracassado e Deus não espera nada de um fracassado" etc.

Felizmente, Deus não vê as coisas como nós e não nos enxerga como nos enxergamos. O exemplo de Levi é significativo nesse sentido. O que se passou de determinante entre ele e Jesus? Uma troca de olhares... e não importa como! Jesus nunca lança um olhar sobre alguém – nós também nos incluímos aqui! – que não tenha a transparência de todo o amor de Deus e de sua grande expectativa sobre nós... qualquer que seja nosso estado de alma.

Nesse **olhar de Jesus**, Mateus compreendeu tudo e se sentiu subitamente amado, independentemente de seus pecados, de suas mediocridades e de suas impurezas. Ele se viu importante para alguém, viu que tinha valor aos olhos de Deus. Essa certeza não lhe foi dada por meio de uma reflexão feita naquele momento, mas nesse olhar que Jesus dirigiu sobre ele, varrendo o terrível olhar de acusação que dirigia sobre si mesmo. Num único instante, a vida inteira e o coração do coletor de impostos foram completamente transformados. Foi nessa troca de olhares com Jesus, capaz de endireitar todo aquele que estiver curvado sob o peso de seus fardos, que Mateus pôde e quis **deixar tudo para seguir-lhe os passos**.

A lição que aprendemos disso é preciosa: Deus nunca chama levando em consideração nossa "feiura" (visível ou invisível). Não há nenhuma predisposição pessoal para ser chamado por Deus, como num certo "elitismo" em que Deus escolheria "apenas os melhores". É seu amor – e nada mais do que isso – que o predispõe a nos chamar.

Com bastante frequência, em nossa mentalidade, o "jogo está preliminarmente perdido", pelo que nem mesmo ousamos mais esperar que Deus possa contar conosco. Entretanto, ainda que nosso passado e nosso presente estejam manchados, pesados, pervertidos: o chamado divino antecede esse passado e se manifesta gratuitamente.

"Antes mesmo de te modelar no ventre materno, eu te conheci; antes que saísses do seio, eu te consagrei" (Jr 1,5).

4. Zaqueu

Jesus disse: "Zaqueu, desce depressa, pois hoje devo ficar em tua casa" (Lc 19,5).

Jesus entra em Jericó e uma multidão numerosa se comprime em volta dele. Zaqueu, um rico chefe dos publicanos, fica intrigado por esse mestre, de passagem em sua cidade. Ele certamente ouviu falar a respeito de sua palavra que toca os corações e dos sinais que ele realiza. Sem dúvida também, como ocorre com muitos de nós, ele está saturado por suas ideias, suas opiniões e todo tipo de preconceitos ou de mecanismos pessoais.

O texto nos ensina que, sendo de baixa estatura, ele subiu sobre um sicômoro (árvore de ramos baixos) para ver com maior facilidade Jesus passar. Mas seria apenas sua baixa estatura o que o motivou a subir no sicômoro? Ele não poderia estar querendo ver sem ser visto? Esconder-se na árvore para observar à vontade, sem correr nenhum risco? Nesse sentido, nós também fazemos as vezes de Zaqueu...

Caro e pobre Zaqueu! Eis o exemplo típico da pessoa chamada que pensava que isso jamais lhe aconteceria! Aliás, ele fez de tudo para evitar...

Imaginemos a cena: Jesus para justamente ao pé do sicômoro, de propósito, erguendo os olhos na direção de Zaqueu escondido em sua árvore: "Hoje devo ficar em tua casa!". Jesus o interpela e se convida... simplesmente... e, aliás, sem medo "do que os outros dirão" (não esqueçamos que Zaqueu também é um publicano de má reputação).

Parece claro que essa espécie de provocação de Jesus foi necessária em relação ao chefe dos publicanos, o qual, do contrário, jamais teria visto **a salvação** entrar em sua casa. Jesus não forçou a liberdade de Zaqueu, pois a continuação do texto nos mostra bem que, de fato, Zaqueu não desejava nada mais do que isso, mas nunca ousou esperá-lo! Ele fica manifestamente feliz com essa iniciativa de Jesus, que ele desejava apenas ver passar... "Ele desceu imediatamente e recebeu-o com alegria" (Lc 19,6).

Uma observação essencial deve ser levada em conta quanto ao chamado de Zaqueu: ele não "deixará" tudo para seguir Jesus e se tornar seu discípulo. Jesus não lhe faz tal proposta e Zaqueu não se sente pessoalmente atraído por isso, pois seu chamado é diferente. Caberá a ele, ao contrário, permanecer em seu estado de vida, reorganizando sua existência segundo outros critérios. Ele não se torna completamente pobre, para o que outros receberão o chamado... E Jesus, aliás, não o convidou a isso.

Entretanto, ele dará a metade de seus bens aos pobres e restituirá o quádruplo a quem por ele foi lesado. Sua vida, iluminada por essa visita de Jesus, se estabelecerá sobre novos alicerces, completamente transformada, constituindo um **testemunho da vinda de Cristo no meio dos homens**.

Não é a todos que Jesus pede uma renúncia total, seja no plano material, seja afetivo, cujos bens não são necessariamente um mal em si mesmos. Ao contrário, é o uso que deles fazemos (ou o modo como os obtemos) que pode ser duvidoso. No entanto, o Senhor chama sempre a uma mudança e a uma reorganização da vida segundo o conteúdo do Evangelho.

É preciso desmistificar uma ideia falsa, segundo a qual os que respondem verdadeiramente ao chamado divino são os que deixam tudo, entrando num mosteiro, por exemplo, ou partindo mundo afora. Essa concepção restrita e elitista de chamado não está no Evangelho, ainda que ele aborde a questão de renunciar a tudo, inclusive a si mesmo, para seguir Jesus. A verdadeira renúncia não se situa primeiramente na forma, mas no coração humano. Há um chamado diferente para cada um, sempre radical, na medida de uma resposta dada com **generosidade e sinceridade de alma**.

Uma escala de valor que classificaria as formas de chamado de modo a reservar as mais exigentes aos "fortes" e as mais leves aos "fracos" não existe na mentalidade de Deus. Não há elite entre os eleitos; é em função do amor, e não de sua forma, que é julgada toda vocação.

5. O endemoninhado geraseno

> Quando entrou no barco, aquele que fora endemoninhado rogou-lhe que o deixasse ficar com ele. Ele não deixou e disse-lhe: "Vai para tua casa e para os teus e anuncia-lhes tudo o que fez por ti o Senhor na sua misericórdia" (Mc 5,18-19).

Pode parecer curiosa a escolha desse relato da **libertação** de um possuído como ilustração de um chamado divino. E no entanto... aquele homem não tinha mais vida humana. A submissão às potências do mal fez dele um animal perigoso. "Ninguém conseguia subjugá-lo" (Mc 5,4). Aos olhos humanos, não há mais nada a ser feito... Ele é pior do que um "excluído da sociedade". O poder de Cristo o liberta em alguns instantes, restituindo-lhe a humanidade, a dignidade, a liberdade. Episódio assustador para muitos, sobretudo porque os espectadores não são judeus, mas pagãos que ignoravam a revelação do Deus Único.

Esse homem deseja seguir Jesus, que não atende ao seu desejo, mas isso não significa uma rejeição. Jesus o convida a voltar para os seus, a fim de testemunhar junto deles, tornando-se assim **propagador da Boa-Nova**.

Ele não será discípulo no sentido estrito, pois não é formado no ensinamento de Jesus, mas dará testemunho daquilo que lhe aconteceu e atrairá a atenção das multidões (que o conhecem bem, enquanto possuído) sobre a pessoa de Jesus. E que poder nesse testemunho: "Todos ficaram espantados" (Mc 5,20)!

Em que infernos terríveis esse homem estava mergulhado havia anos... E é ele quem Jesus liberta, para dele fazer sua testemunha no mundo pagão. Não se trata de um chamado autêntico?

Não encontramos chamados semelhantes a esse em nosso tempo em que o poder de Cristo ressuscitado liberta as pessoas acorrentadas pelos laços do Maligno e privadas de sua integridade? Deus procura atualmente, mais do que antes, testemunhas que, tendo saído das trevas, poderão render glória à luz divina manifestada em Jesus Cristo.

Possam muitos daqueles que foram rejeitados por nossa sociedade viver uma libertação operada pelo poder divino e receber esse chamado a se tornarem testemunhas da atualidade da ressurreição de Cristo.

6. Matias

Lançaram sortes sobre eles, e a sorte veio a cair em Matias, que foi então associado aos onze apóstolos (At 1,26).

A eleição de Matias permanece para nós uma surpresa, sobretudo por seu contexto: ela é simplesmente tirada na sorte, não se tratando, porém, da nomeação para uma função qualquer. Assim ele se torna apóstolo. Para tão nobre eleição, esperaríamos ao contrário uma forte manifestação da graça, ou pelo menos um consenso entre os apóstolos. Não estamos habituados a uma vocação cuja origem esteja num fenômeno aparentemente dado ao azar.

De fato, não é nada disso. O azar, se é que ele existe, não tem nada a ver com essa história. Os apóstolos e os discípulos **oram ao Senhor e se submetem com confiança a sua escolha...** Escolha que ele manifestará através de um costume antigo – tirar a sorte... porém, num abandono à divina providência. Para isso, **a oração é essencial**.

Não esqueçamos, além disso, que o Pentecostes ainda não havia acontecido e os apóstolos ainda não tinham sido enviados no Santo Espírito. Uma vez que a Igreja o tenha recebido, ela jamais funcionará com esse sistema de tirar a sorte, na medida em que será constantemente assistida pelo Espírito Santo, que pessoalmente a guiará em cada decisão.

Matias não é um desconhecido, mas um discípulo fiel, de quem os evangelhos não nos falam. Todavia, como tantos outros, ele seguiu Jesus desde o início de sua vida pública até sua ressurreição.

Ele é a imagem desse homem fiel, preocupado em crescer na fé recebida, em permanecer à escuta (ele também espera com os outros a descida do Espírito), e que foi tomado por Deus, "sem aviso prévio", para o elevar a uma tarefa que o ultrapassa.

Quantos homens e mulheres, igualmente fiéis na fé e já servidores da Igreja, são de uma hora para outra "pegos" de maneira inesperada pelo chamado divino. Esses já eram discípulos e uma nova função lhes é confiada, como que caída do alto pelas circunstâncias.

Admiremos a docilidade de Matias que, atravessando sem dificuldade o imprevisto da situação, "foi associado aos onze apóstolos" (At 1,26). Ele não resiste, não põe em evidência suas incapacidades ou temores. Ele sabe que a escolha vem de Deus e que, seja qual for a surpresa do futuro, **o Senhor o assistirá com seu poder**.

7. O jovem rico

> "Uma só coisa te falta: vai, vende o que tens, dá aos pobres e terás um tesouro no céu. Depois, vem e segue-me". Ele, porém, contristado com essa palavra, saiu pesaroso, pois era possuidor de muitos bens (Mc 10,21).

É por iniciativa própria que esse jovem se aproxima de Jesus. Este particularmente não o convidou (diferentemente de Zaqueu). Esse jovem é fiel à lei do Senhor e o ama. Entretanto, está insatisfeito: algo lhe falta. Ele deseja profundamente a **vida eterna** e pressente que esse Jesus (a quem conhece apenas por ouvir falar) pode atender aos seus anseios. Ele já se encontra na **vontade divina**; porém, diante desse desejo autêntico de vida eterna, Cristo lhe oferecerá a possibilidade de passar a uma nova etapa.

Em algumas traduções, a resposta que ele receberá terá a forma de um convite facultativo: "Se queres ser perfeito...".

Nenhum perfeccionismo nessa expressão em que Jesus quer convidá-lo a um amor mais total, mais entregue: *Se queres amar plenamente, eis o que te proponho*... Grande delicadeza do Senhor, que não obriga ninguém a nada e trata a cada um com infinito respeito. Esse respeito tem, aliás, um aspecto assustador, do qual o jovem rico fará uma dolorosa experiência. Jesus o deixou diante de uma escolha pessoal a fazer e o rico, ainda que fosse amado por Jesus (cf. Mc 10,21), não pôde abrir mão de seus bens.

Talvez ele tenha desejado imensamente dizer sim ao convite de Jesus, mas a renúncia proposta se mostrou excessiva para ele. Sua resposta não foi totalmente não; aliás, o Evangelho não nos relata suas últimas palavras a Jesus, dizendo-nos simplesmente que ele foi embora triste, pois tinha muitos bens.

Sua resposta teria sido da ordem do "sim, mas...", pois ele sem dúvida continuou a observar os mandamentos como antes. Na ordem de sua caminhada religiosa, ele não passou do "sim" para o "não". Ele limitou seu "sim" por meio de um "mas"; e é esse "mas" que o mergulha na tristeza, sabendo dentro de si mesmo que estava se distanciando voluntariamente, por falta de coragem talvez, daquilo que lhe teria trazido **a alegria e a felicidade que viera buscar junto ao Senhor.**

Em nosso diálogo com Deus, quando sentimos que ele quer nos conduzir além (sem saber bem como) e nos fazer crescer no sim que já lhe demos, não argumentemos da seguinte maneira: "Senhor, olha o que já faço por ti, considera o que já abandonei por ti...".

Se nos refugiamos no pensamento de ter dado o bastante de nós mesmos, ao passo que interiormente a insatisfação paira, expomo-nos à tristeza. A alegria cristã está, ao contrário, em se deixar sempre levar para mais longe. Deus espera daqueles que desejam segui-lo totalmente que não substituam seu "sim" por um "mas", porém **se lancem em seus braços** sem reservas.

8. Maria Madalena

Personagem essencial nos evangelhos, contando entre aqueles que estavam mais próximos do Senhor, sabemos muito pouco sobre essa mulher fora do comum. Não podemos nos esquecer, entretanto, de que foi ela a primeira testemunha da ressurreição de Cristo.

Não conhecemos seu passado como pecadora (pública) e, após seu encontro transformador com o amor do Senhor, nós a encontramos em vários lugares: na casa de Simão, "o leproso" (Mt 26,6), onde ela ousará enfrentar os olhares recriminatórios dos convivas para ungir os pés e a cabeça de Jesus... aos pés da cruz, com Maria... e finalmente, diante do túmulo vazio, com a pedra que o vedava retirada.

Qual foi a forma de seu chamado? É difícil responder exatamente. Contudo, o evento determinante foi sua descoberta, apesar de sua vergonha, mas "por meio de sua vergonha", desse "amor tão grande" (como mais tarde dirá São Paulo) de Jesus por ela.

Poderíamos comparar sua **conversão** com a de Levi, mas aqui se trata de um coração de mulher – maculado por tantas impurezas, possivelmente desprezível pelo que se tornara – a fazer a experiência do amor divino, que não se deixa deter por nenhum pecado. A mulher, mais do que o homem, é sem dúvida um ser de doação e de presença... no amor. O pecado havia viciado esse ímpeto de doação e de presença em Maria Madalena, que se encontrava morta em si mesma. O encontro com o maravilhoso amor de Cristo a ressuscitou, restituindo-a a si mesma, em sua dignidade de mulher, tornando-lhe possível doar-se e tornar-se **presente na pureza do amor**.

A experiência de Maria Madalena é verdadeiramente a de uma ressurreição interior e doravante ela será animada por um intenso ímpeto de alma por Jesus. Ela tem a necessidade de experimentar sempre mais esse amor libertador e salvífico de Cristo. Ela pressente a necessidade misteriosa que Jesus tem de ser amado... Não porque lhe faça falta ser amado, mas porque seu amor vem sempre procurar o nosso. **"O amor não é amado"**, alardeava São Francisco de Assis.

O amor, mesmo o divino (e sobretudo o divino!) aspira à reciprocidade. É isso o que Maria Madalena percebe em seu coração, ainda que ela tenha um longo caminho a percorrer para que seu amor a Jesus amadureça.

Invadida pela misericórdia de Deus (qualquer que seja sua consciência a respeito disso no início de sua conversão), ela ousará dar testemunho de seu amor pessoal por Jesus... audácia que a Igreja exaltará ao longo de todos os séculos.

O protótipo de amor que ela deu ao longo de seu passado de prostituição, a presença de si mesma que ela "oferecia", não tinham de fato nada a ver com o verdadeiro amor... para o qual ela estava habilitada, como cada um de nós. Encontrar-se com Jesus lhe devolve, dilatando-a inclusive, essa **capacidade de amar presente em todos nós** e da qual fazemos tão pouco uso.

Maria Madalena enfrentará todas as perguntas do tipo "e o que os outros vão dizer?", todos os olhares acusadores que poderiam esterilizar a expressão do amor em sua beleza única. Ela pressente, como num chamado, esse desejo do coração de Jesus, testemunhando-lhe seu amor no momento em que ele se aproxima da cruz.

O amor atrai o amor e, embora ainda seja imperfeito, o de Maria Madalena amadurece e se purifica "ao contato" de

Jesus, ou seja, na presença gratuita ao seu lado. "Um amor imperfeito já é bom em si mesmo", disse São Francisco de Sales, esse grande doutor da Igreja, ainda que lhe seja necessário se refinar e crescer.

Maria Madalena se dá a Jesus permanecendo próxima a ele, apesar das dificuldades, recebendo o amor de seu coração divino e entregando em resposta o seu, numa comunhão tão pura e tão intensa de almas que somente aqueles que pretendem se consagrar a Jesus num dom total de si mesmos podem perceber.

Assim, Maria Madalena passa a "tomar conta" de Jesus e se encontrará presente aos pés da cruz, com a Virgem Maria, pressentindo o quanto Jesus precisará dela nesse momento derradeiro.

Portanto, o chamado de Maria Madalena será, em primeiro lugar e misteriosamente, para **estar ao lado de Jesus**, e será vivido, na maior parte das vezes, de modo imperceptível, devolvendo e manifestando livremente a Cristo esse amor que ele lhe dava. Podemos nos encontrar atônitos e perplexos diante de tal chamado, quando poderia parecer que não se faz "grande coisa" por Deus. Maria Madalena não é passiva, ao contrário; mas sua atividade é essencialmente o amor, em seu fiel testemunho a Jesus... Aquele ou aquela que já vive esse amor, será capaz de compreender isso, ou a ele sentir-se chamado!

9. Os primeiros sofrimentos de Jesus

A partir daí, muitos de seus discípulos voltaram atrás e não andavam mais com ele (Jo 6,66).

Talvez seja temerário nomear assim o acontecimento que dará conclusão ao nosso capítulo. Nada diz que foi efetivamente nesse momento que Jesus começou a experimentar sofrimentos ligados à redenção que veio realizar. Ele deve ter visto sempre boa parte daqueles que haviam se posto a segui-lo, seus discípulos e amigos, partir em debandada.

Sua palavra os havia tocado; os sinais que ele operava os maravilhavam; seus ensinamentos os nutriam; sua companhia (eles peregrinavam ao seu lado) dava um sentido novo a suas vidas. O que teria se passado então para que muitos o deixassem assim, depois de tanto entusiasmo inicial?

Jesus acaba de proferir um discurso problemático na sinagoga de Cafarnaum. Ele se apresenta como pão da vida – pão que concederá a vida eterna àquele que dele comer; pão que é carne, dada para a salvação do mundo (cf. Jo 6,51). A audácia de tal anúncio choca os ouvintes... inclusive os discípulos ali presentes. Jesus acabara de intensificar sua mensagem, de revelar outro aspecto de sua missão, correndo o risco de não ser compreendido, nem aceito.

Após esse discurso, ele não é mais, aos olhos de muitos, o que esperavam que ele fosse: o libertador de Israel, o messias tão esperado, vencedor das tropas romanas. Aqueles que o seguiam movidos por tal preconceito ficam terrivelmente decepcionados... de tal modo que não compreendem o sentido das palavras de Jesus.

Talvez eles não sejam capazes de entender, preocupados que estavam com suas razões pessoais quanto àquilo que Deus deveria fazer para salvar Israel. Em qualquer caso, é exatamente isso o que ocorre com muitos daqueles que se dispõem a buscar a Deus, cada qual preocupado com seu chamado, e que não podem abrir mão da ideia que fazem ou do projeto pessoal que têm daquilo que deveria ser esse chamado... uma maneira, entre tantas possíveis, de tornar Deus escravo de sua opinião!

"Quem come minha carne e bebe meu sangue tem a vida eterna, e eu o ressuscitarei no último dia" (Jo 6,54). Palavra que surpreende, palavra de verdade! Jesus acaba de revelar mais sobre "**a maneira como Deus ama o homem até o fim**", mostrando um pouco mais de sua missão àqueles que já deixaram tudo para segui-lo, àqueles que, tocados por suas palavras e seus milagres, mudaram radicalmente de vida para estar com ele. Entretanto, muitos deles receberão mal a mensagem de seu Senhor, decidindo não caminhar mais com ele. Para esses, a linguagem de Jesus e o chamado nela contido representam o risco de levá-los para muito longe... e eles retrocedem: "Essa palavra é dura! Quem pode escutá--la?" (Jo 6,60).

Ao atrair um homem ou uma mulher para segui-lo, Cristo revela mais de si a cada dia, esperando dele ou dela ser aceito do modo como se revela progressivamente. Não que ele tenha "surpresas desagradáveis" a nos fazer, ou queira nos anunciar "uma mudança de programa" que nos diz respeito...

Em vez disso, ele espera de cada um uma adesão confiante a esse crescimento no amor que ele propõe, numa oblação de todo nosso ser... com o risco de nós lhe respondermos: "Essa palavra é dura!".

Pode acontecer de sermos tentados a contrariar algumas **exigências do amor**, de sermos invadidos por uma vertigem diante de algo que nos aparece como uma montanha, pois ainda não compreendemos a profundidade do amor de Jesus a nosso respeito.

Como no momento de seus "primeiros sofrimentos", relatados por São João, Deus assume correr um risco: o de deixarmos de segui-lo de acordo com o chamado recebido, à medida que seu amor se torna mais exigente (expandindo mais nossa alma, intensificando com maior evidência nossa união com ele)... à medida que não compreendemos mais sua "maneira de agir" para conosco, de modo a podermos até mesmo nos sentir lesados por ele, como se não tivéssemos sido alertados.

De qualquer maneira, isso é falso, pois desde agora estamos avisados que, se procuramos o chamado de Deus sobre nossa vida, qualquer que seja sua forma, é para que experimentemos cada vez mais o amor divino por nós, numa configuração sempre maior a Jesus Cristo, segundo a sabedoria de Deus.

Portanto, Deus assume um risco ao se manifestar a nós. Primeiro de tudo, é um risco para ele, antes de ser um risco para nós.

Com efeito, ele se expõe a uma possível recusa, a um distanciamento de nossa parte, o que, misteriosamente, é causa de profunda dor em seu coração, cujo Amor quer precisar de nós, na medida em que, a seus olhos, cada um é único e insubstituível.

De nossa parte, o risco que corremos é o de "passar longe" de uma **felicidade** à qual aspiramos e que o Senhor estava tentando nos propor...

Exercício espiritual

- Qual é o chamado, dentre os que foram citados neste capítulo, que me comove pessoalmente e parece "combinar" melhor com a maneira como o Senhor a mim se manifesta?

- Por que razões?

- Há na Bíblia um personagem que não evocamos e que combina ainda melhor com minha situação?

- Por quê?

- A partir da resposta, aprofundar, na oração e na reflexão, a pedagogia do chamado de Deus a meu respeito. Reconstituir minha história para encontrar as circunstâncias em que ele parece já ter me visitado dessa maneira.

Os medos

Há uma pequena frase que sempre estava presente nos pronunciamentos de nosso Santo Padre, o Papa João Paulo II: "Não tenhais medo!". Por que tal insistência de sua parte senão pelo fato de que ser humano justamente tem medo? A questão aqui não são os diversos sentimentos de medo que podem afrontar uma sensibilidade por esta ou aquela razão. Trata-se de um medo mais fundamental, mais assustador e mais escondido: o medo de se aproximar de Deus... e o medo, também, de se deixar tocar por ele.

O delicado problema desse medo profundo poderia ser introduzido por esta interrogação: "Como vivemos Deus?"... Ou "como vivemos nossa relação com Deus?". Não nos basearemos aqui na explicação de nossa fé, pois nessa ordem supomos saber que **Deus é Luz e Amor**, como nos revela o evangelho (sobretudo o de João) e a tradição da Igreja.

Entretanto, uma coisa é crer nesse Deus Amor e Luz, manifestado em Jesus Cristo, e outra é viver em harmonia com aquilo em que acreditamos. Trata-se da distinção entre **fé recebida** (passiva) e **experiência de fé** (ativa).

Ninguém, a não ser os santos, que alcançaram uma grande liberdade em Deus, poderia dizer que "vive Deus" na sua essência mais pura: Amor e Luz. Aliás, os santos, ainda que o vivessem, não o reconheceriam, pelo próprio fato de sua humildade.

Portanto, somos portadores de uma distinção evidente em nossa relação com Deus, e não em sua relação conosco...

Distinção entre aquilo que Deus gostaria de ser em nós (e conosco) e a maneira como nós recebemos a sua vida em nós. Por quê...?

1. As falsas imagens de Deus

Todos somos, sem exceção, portadores daquilo que se poderia apontar como falsas imagens de Deus, ou ainda, como modos ruins de receber a vida de Deus em nós, e isso apesar do **esclarecimento da fé**.

Essas falsas imagens de Deus existem sistematicamente, pelo menos no início de nossa caminhada espiritual e sem dúvida por um período bastante longo. Com o tempo, essas falsas imagens se purificam, refinam-se e transformam-se, deixando, de pouquinho em pouquinho, lugar para uma relação cada vez mais saudável (e santa) com Deus... Desde que, no entanto, nosso percurso espiritual permaneça equilibrado.

Essa verdade essencial é, algumas vezes, mal aceita pelos cristãos e, no entanto... Efetivamente, mesmo quando eu creio num Deus-Amor, meu subconsciente, minha afetividade, minhas "profundezas" são marcadas mais ou menos fortemente por certezas inconscientes, mecanismos deformados, reflexos desviados, resultado involuntário de feridas afetivas passadas, sobre as quais falaremos mais tarde.

Essas "pseudocertezas", esses reflexos falsificados, constituem em mim uma falsa imagem de Deus, a qual me torna de algum modo prisioneiro (ou pelo menos bloqueado) naquilo que se refere a uma aproximação de Deus, que eu entretanto desejaria. Isso não põe em questão a qualidade de minha fé, nem minhas boas intenções (quando elas existem!)... É o peso de uma falsa imagem de Deus em mim, ligada à minha história pessoal, naquilo que ela pôde ter de traumatizante. Essas falsas imagens têm uma diversidade muito grande, mas podemos identificar seus tipos mais marcados.

Posso, por exemplo, "viver Deus" como se ele fosse uma espécie de "professor de escola". Então, quando me distancio daquilo que acredito ser a lei divina para mim, fico na expectativa de receber uma "bordoada" para voltar a ficar comportado. Consequência: vivo, diante de Deus, um temor quase permanente, mais ou menos consciente, de não fazer ou não conseguir o que ele espera de mim.

Posso igualmente ter a falsa imagem de um Deus vingativo, pior do que a anterior, a partir da qual eu temeria a vingança de Deus por ter-lhe recusado alguma coisa. Ele não se vingaria sobre mim diretamente, nem instantaneamente, mas sobre toda a minha vida ou parte dela, ou sobre as pessoas que me são caras. Esse exemplo infelizmente não é uma caricatura, pois esse gênero de interpretação circula com muita frequência entre os crentes. Não ouvimos tanto esta reflexão pratica-mente instintiva: "O que foi que eu fiz a Deus para isso me acontecer?"... Subentende-se: "Se tal infelicidade me atingiu, é porque devo ter feito algo de errado ou alguma maldade... embora não saiba o quê!". Podemos ter a ousadia de dizer que muitos naufragaram em doenças psiquiátricas porque se viram assombrados ao extremo da dor por essa falsa imagem de Deus que tinham dentro de si.

Outro exemplo é aquele de um Deus legislador, segundo o qual a vida do cristão consistiria sobretudo numa sucessão de deveres ou de proibições editados por uma lei moral exte-nuante. Não podemos esconder que algumas sensibilidades ou tendências católicas favoreceram a emergência interior de tal imagem de Deus... herança, entre outras, do jansenismo, que causou estragos nos séculos XVIII e XIX.

É verdade que a Igreja tem o dever, em sua sabedoria e sob impulso contínuo do Espírito Santo, de dar a seus fiéis alguns **direcionamentos** e pregar a verdade a tempo e contratempo, seja bem ou mal recebida. No entanto, isso não impede que muita gente veja a vida em Deus no sentido de coisas que podemos fazer ou não podemos fazer... Ora, Deus não está nisso!

De acordo com outra falsa imagem de Deus, Deus seria aquele que obriga: devo fazer isso, escolher tal caminho, porque Deus me obriga a isso e porque não se discute com um Deus como esse.

Chegamos então a uma noção equivocada da vontade divina, que seria imposta sobre nós sem absolutamente levar em conta nossa liberdade, nem nosso "direito de resposta". Fruto disso é um sentimento de alienação em Deus, de determinismo, de roteiro obrigatório de minha vida, como um fantoche nas mãos divinas.

É verdade que todos somos portadores de uma vontade divina (voltaremos a isso). Mas essa vontade não tem nada de uma obrigação irredutível, muito pelo contrário: ela é antes a expressão de um desejo preferencial de Deus a nosso respeito, sempre levando em consideração nossa liberdade pessoal.

Enfim, para encerrar essa enumeração (que não é exaustiva), existe outra imagem de Deus, menos assustadora, mas também falsa: a imagem de um bom velhinho, mais do que permissivo, que fecharia os olhos para tudo o que alguém possa fazer (de negativo), em razão de seu amor... Ou ainda, Deus existe, com certeza... mas estaria tão longe, "para lá das nuvens", que se mostraria muito pouco interessado por nossa vida. Ele seria condescendente algumas vezes em revelar sua vontade sobre nós; mas depois... caberia a nós nos virar e conduzir nossa vida como bem quisermos. Isso não tem nada a ver com a liberdade humana tão cara aos olhos de Deus.

Essas falsas imagens de Deus podem explicar às vezes certo ateísmo, ou talvez certo antiteísmo, ou uma indiferença em relação a Deus.

Existem bem menos "verdadeiros ateus" do que geralmente supomos. Muitas pessoas se tornam de fato ateias por reação. De certa maneira, elas creem em Deus (embora não o chamem assim), mas renegam sua crença. É um mecanismo psicológico, com muita frequência involuntário, de se impedir de viver algo que faria muito mal.

É verdade que, a título de ilustração, a vida se torna insuportável se carregamos esse medo de que, a cada desvio, Deus vai punir ou se vingar... Por isso uma escolha reacionária de ateísmo, que aliás não faz mais do que camuflar o problema, sem solucioná-lo de nenhuma maneira.

Examinamos rapidamente por que não "vivemos o bastante Deus" de acordo com nossa fé. Vejamos agora por que motivo estão assim impregnadas em nós essas falsas imagens de Deus.

2. Toda pessoa é um ser ferido

A afirmação acima é uma evidência, mas as causas dessas feridas humanas são mais delicadas de identificarmos, pois geralmente não as situamos no lugar exato onde de fato residem. Muitos dizem com frequência que somos feridos pela vida... Sem dúvida! Mas a verdadeira gravidade não é essa.

Na verdade, todos nós estamos vulneráveis a duas grandes causas de feridas: o pecado e as carências de amor.

• Toda pessoa é ferida pelo pecado; todo cristão sabe disso, mas não tem muita consciência das consequências engendradas pelo pecado. Nem mesmo sabe muito bem o que é o pecado em si. Este não resulta primeiramente da transgressão a um código moral. Ele é, antes de tudo, uma recusa a amar e ser amado... por Deus e pelos irmãos. Que paradoxo em constatar quanto **o ser humano tem sede de amor**, sede de amar... e quanto ele pode recusar esse mesmo amor.

Uma de nossas orações fiéis deveria ser: "Senhor, faze-me compreender onde está meu verdadeiro pecado; em quais circunstâncias rejeitei teu amor?".

Não aprofundarei nesta obra a noção de pecado, embora seja importante num processo de discernimento vocacional. Já tratei disso num estudo sobre a compaixão divina e convidá-los-ei a procurá-lo, se quiserem.[1]

• A pessoa também é ferida pelas carências de amor... de amor recebido. Essas feridas geralmente principiam na infância, embora todas as idades estejam expostas a elas. A infância implica, com efeito, um estado de "permeabilidade" particular às carências de amor e continua sendo facilmente marcada, muitas vezes traumatizada por elas.

Uma criança pequena (que todos já fomos) tem um coração imenso, uma necessidade imensa de ser amada, e ainda não aprendeu a construir muralhas para se defender

---

[1] MADRE, Philippe. *Souffrance des hommes et compassion de Dieu. 1 – Le scandale du Mal.* Éditions du Lion de Juda, 1990. [Ed. bras.: *Sofrimento dos homens*: compaixão de Deus. São Paulo: Palavra e Prece, 2008.]

daquilo que ela percebe – justamente ou não – como uma agressão exterior, por meio dessas famosas carências multiformes. Assim, ela vai se tornar muito sensível a qualquer atitude ou manifestação de amor, ou àquilo que interpretar como tal, proveniente daqueles que a rodeiam, em particular de seus pais. Se ela for órfã, a ausência paterna constituirá uma carência ainda maior de amor... talvez compensada por um adulto próximo.

Para uma criança, tudo se passa como se não houvesse nenhuma diferença, na ordem do amor por ela recebido, entre seus pais (ou ambiente adulto mais amplo) e Deus. Uma criança sempre nasce com uma consciência de amor... que é ao mesmo tempo e misteriosamente uma consciência de Deus. É essa "hipersensibilidade ao amor" que a exporá a ferimentos diretos, tanto quanto a ferimentos indiretos.

Uma ferida direta em geral será proveniente da experiência de uma rejeição manifesta (de variadas formas) do pai ou da mãe (às vezes dos dois), da indiferença a seu respeito ou da falta de demonstração de carinho e amor. Uma ferida indireta será antes ocasionada por uma interpretação equivocada, por parte da criança, da atitude de amor (concebida como tal por seus próximos) que lhe for testemunhada. Assim, ela pode se considerar rejeitada por conta de um comportamento paterno cuja intenção era ser simplesmente protetor (portanto, um comportamento de amor em sua intenção).

De qualquer maneira, e isso é normal, sempre haverá, mesmo na criança mais bem cuidada ou feliz, um imenso descompasso entre seu desejo de amor e aquilo que poderá lhe ser dado. É assim que, para cada um de nós, permanecem recantos feridos em nosso coração, amarrados, em razão dessas carências de amor.

Qual será a reação interior da criança diante de suas feridas? Ela começará a se isolar no exato lugar de sua ferida, ou então se revoltar, ou se fechar com amargura... e sempre com uma angústia profunda servindo de chave. Sem nos julgar neuróticos por isso, todos nós carregamos angústias (não necessariamente conscientes), por causa desses "vazios" em relação ao amor.

Esse tipo de ferida estrutura em nós, com o tempo, certa imagem de Deus, falsificando a verdade de Deus a nosso respeito. Sem aquilo que se pode chamar de uma cura interior, fruto da graça divina, a ferida permanecerá e o tempo não a afastará. Ela carregará consigo, constantemente, essa falsa imagem. Se um pai, ao voltar para casa à noite, bate constantemente no filho, ou simplesmente não lhe dá atenção, a criança, tornando-se adulta, embora creia – pelo dom da fé – num Deus de Amor, terá muita dificuldade em "vivê-lo" como tal.

É todo o nosso ser, tudo o que nós somos, tudo o que contribuiu em nosso passado para modelar nosso personagem presente, que é convidado a se colocar no seguimento do Senhor. Convém, portanto, levar em consideração essa "encarnação das coisas" e não imaginar que seja suficiente crer na bondade de Deus para "vivê-lo" sem problemas.

3. O medo de Deus

Por causa de algumas feridas (não necessariamente numerosas), quer queiramos quer não, quer aceitemos quer não, somos portadores desse medo de aproximar-nos de Deus – medo tão ridículo quanto real. Esse reconhecimento não deve em hipótese alguma nos paralisar, pois esse medo é legítimo em nossa humanidade e não nos impede de ser chamados por Deus. Mesmo os maiores santos experimentaram – pelo menos no princípio de sua vida espiritual – esse medo de Deus, que bate de leve na consciência justamente quando se opta por buscar a Deus!... E isso causa uma grande confusão em relação ao próprio Deus!

Esse medo tem sua gravidade particular e representa para nós o risco de ser mais perigoso do que o pecado. Não se trata aqui de uma afirmação teológica... que seria falsa. Consideramos somente a maneira como alguém vai viver sua relação com Deus.

Com efeito, responder a um chamado, colocar-se no seguimento de Jesus, implica uma relação concreta (não especialmente sensível) com Deus. O pecado, de certa maneira, não impede de nos aproximarmos de Deus, desde que nos confiemos a sua Misericórdia. O medo de Deus, em contrapartida, nos incitaria a tomar distância dele. Esse medo é capaz de diminuir, até mesmo esterilizar nossa aproximação de Deus... e pode conduzir a nos fecharmos em sua solidão, ou mesmo num isolamento egocêntrico e desesperado em que Deus tem "passagem proibida". É isso o que Deus mais teme, pois fica completamente sem poder agir.

A parábola dos talentos (cf. Mt 25,14ss) aborda esse tema de modo bastante significativo e ilustra bem, em certa medida, esse medo de Deus que nos faz ficar isolados dentro de nós mesmos, em vez de nos **lançar com confiança nos braços do Pai**.

O mestre, de que fala a parábola, parte em viagem e confia a seus três servos respectivamente uma parte de sua fortuna. Os dois primeiros se apressarão em fazer frutificar a quantia recebida e, quando o mestre voltar de viagem, ele dirá aos dois: "Muito bem, servo bom e fiel... Vem alegrar-te com o teu

Senhor" (Mt 25,21). Quando Jesus fala sobre a alegria, ele certamente evoca a vida do Reino, já acessível (como primícias) neste mundo.

Alegria para os dois primeiros servos que souberam fazer frutificar o dom de Deus, que ousaram crer que seu Senhor esperava deles, com confiança, alguma coisa. Temos aqui uma imagem simples e muito bela da **vocação**. Com efeito, um chamado é um dom de Deus. Definitivamente, não podemos produzi-lo por nós mesmos, não podemos fazer nada para determiná-lo. Mas nossa responsabilidade e nossa colaboração residem na **frutificação** que realizamos dele, conscientes de que esse dom não está destinado à esterilidade. Daí decorre, pouco a pouco, a alegria do Reino.

Quanto ao terceiro servo, ele é como o protótipo daquele que – embora sendo chamado por Deus – se deixou encerrar em seu medo. Ele se apressou em ir enterrar o talento que seu mestre lhe confiara. "Amedrontado, fui enterrar o teu talento no chão" (Mt 25,25) – responde ele a seu senhor, ao comparecer diante dele. Prisioneiro de uma falsa imagem de seu mestre, seu medo o tomou por inteiro: "Senhor, eu sabia que és homem severo, que colhes onde não semeaste a ajuntas onde não espalhaste. Assim, amedrontado..." (Mt 25,24).

Todo o resto da parábola nos sugere que esse senhor não é como seu servo o temia... pelo contrário. Mas o medo o distanciou da espera pelo mestre e ele não quis (ou não se sentiu forte o bastante) fazer seu único talento dar frutos. É preciso observar que, na parábola, a noção de quantidade de talentos confiados, diferente para cada um dos servos (cinco, dois e um) não manifesta os graus variáveis de confiança da parte daquele que chama. A mesma alegria é prometida àquele que recebeu cinco, dois ou apenas um talento...

4. Discernir os medos

Portanto, é importante tomarmos consciência desses medos que nos habitam, não numa busca introspectiva que poderia nos atribular ou nos importunar, mas numa exposição à luz divina. Assim, permitamos ao Senhor aproximar-se deles, domesticá-los, para pacificá-los e curar as feridas que os produziram. Possivelmente serão necessários vários anos para que tais medos desapareçam; mas antes que possam perder o vigor, convém conhecê-los melhor e apresentá-los ao **amor de Cristo**.

Ao estabelecer os limites do meu medo, ao objetivá-lo, descobrindo-me portador de determinada modalidade de medo de Deus... ele deixa de ser esterilizante, tornando-se para mim aquilo que Teresinha do Menino Jesus definia como "fraquezas". Essa fraqueza poderá constituir então um motor muito potente para minha vida espiritual, ainda que persista por muito tempo em me causar sofrimento. Não estamos falando aqui de um "truque psicológico"; é importante deixar-se atrair por **um melhor conhecimento de si, sob a luz de Deus**.

Tal atitude de alma e de coração nos impede de vegetar durante anos em nossa vida espiritual, por conta de obstáculos desse tipo, os quais tenderíamos a subestimar ou repelir. Ao contrário, se aceitamos enxergá-los melhor, apresentar-nos diante de Deus com essas "deficiências internas", eles se tornam para nós fermentos de santidade. Descobrir-nos em nosso medo não é em si algo ruim, à medida que fizermos disso um "trampolim" para nos projetar na misericórdia divina.

5. Os medos específicos do chamado

Diante de sua busca vocacional, o ser humano carrega medos mais diretamente ligados àquilo que Deus poderia esperar dele. Existem cinco categorias de tais medos, que são capazes de se interpenetrar, ainda que sejam bem diferentes.

O medo de não ser feliz

Ele é humanamente legítimo e resulta – reforcemos pela última vez – desse medo maior de Deus. Coloquemo-nos preliminarmente a seguinte pergunta: qual é nossa concepção de felicidade? Posso temer não ter felicidade... mas qual é verdadeiramente minha felicidade? Que ideia faço dela? Que elementos são para mim uma espécie de seguro de felicidade?

Minha ideia de felicidade não está impregnada da concep-ção que o mundo faz dela: dinheiro, sucesso, reconhecimento etc. O Santo Cura d'Ars nos responderia imediatamente: **"A única felicidade neste mundo é amar o Senhor e saber que ele nos ama"**.

Estamos suficientemente certos de que **Deus quer nossa felicidade**, mesmo se isso constitui para nós, ini-cialmente, uma certeza de fé e de confiança?

Indo ainda mais além, cremos que ele sabe melhor do que nós o que pode efetivamente nos fazer felizes?

Com muita frequência, padecemos desse medo instintivo de que Deus nos peça exatamente o contrário daquilo que pareceria nos preencher. Exemplo clássico: "Tenho vontade de me casar, mas tenho medo de que, ao seguir o Senhor, ele me peça para renunciar a isso... Então, prefiro não tocar no assunto com ele!". Nosso Senhor nunca é "sádico" e seu maior desejo é nos atrair para sua própria alegria, que se tornará também a nossa... por diversos caminhos e de diferentes formas.

Repitamos com força: **todo chamado abre à alegria**, ainda que provações apareçam. Justamente, o cristão é o único capaz de viver ao mesmo tempo a alegria e a cruz (ou a provação, seja ela qual for), sem tirar essa conclusão amarga de que a felicidade humana não é possível.

Mas a alegria, a felicidade oferecida ao cristão na resposta a seu chamado, não é uma felicidade "banalmente humana" e alicerçada exclusivamente na afetividade. Deus não recusa evidentemente a ninguém as alegrias naturais como a de se divertir com os amigos, passear em meio à natureza, ou maravilhar-se diante de um bebê de colo. Ao contrário, só quem está aberto à alegria natural pode gozar a alegria espiritual... Talvez o ser humano deste início de terceiro milênio devesse reaprender essas alegrias simples.

Mas é verdade, no contexto de um chamado, que as renúncias (que sempre existem!) não servem senão para nos fazer descobrir e experimentar uma alegria inexprimível, emanando daquilo a que se renunciou por amor a Jesus. Tomemos o exemplo da vida religiosa, dos monges ou das monjas. A renúncia é grande para aqueles que o Senhor chama a esse caminho: renunciar a se casar, a construir uma família... Entretanto, à medida que essa vocação é autêntica, o Senhor preenche para além de toda medida aqueles e aquelas que deixaram tudo para segui-lo. Não estamos falando de um "toma lá, dá cá", mas de uma experiência de felicidade que existe em se entregar ao amor, apesar de um possível aspecto pesaroso da renúncia, *antes* que se tenha optado por ela.

O medo de perder a liberdade

Quando respondemos ao chamado divino e consideramos que o Senhor tem as rédeas de nossa vida, é verdade que não fazemos mais o que queremos... o que não quer dizer, em hipótese alguma, que perdemos nossa liberdade de pensamento ou de ação.

Toda pessoa é um ser independente e experimenta justamente muita dificuldade ao depender de um Outro. Contudo, é nessa dependência de Deus que se enraíza a verdadeira liberdade. Esta não consiste em fazer o que se quer, quando se quiser. Ora, essa ideia viciada de liberdade, tão atual, tem o perigo de destruir desde a base qualquer noção de interdependência, de comunidade no sentido mais amplo, quer se trate de comunidade paroquial, quer de grupo de ação comum ou simplesmente comunidade de vida. Não tenhamos medo – aceitando obedecer ou depender de um Outro, ou então nos ligar por laços fraternos a homens ou mulheres – de perder nossa liberdade.

A verdadeira liberdade é aquela que consiste em entrar num movimento de sacrifício, num sim permanente a Deus, talvez através de certas pessoas ou de certos lugares de vida. Aquele ou aquela que se torna capaz de não mais repetir seu sim se torna realmente livre. Mas essa verdade relativa à liberdade não se baseia em considerações intelectuais. Ela só se confirma quando se aceita experimentá-la... Quando então nossos limites são postos à prova... Para o nosso crescimento!

A Virgem Maria nos oferece um exemplo extraordinário de liberdade, particularmente no momento da Anunciação, ao dizer aquele *fiat* ao anjo... E a Deus. Na realidade, é **quando respondemos sim ao chamado divino que nossa liberdade "se liberta"...**

O medo de errar o caminho

É verdade que podemos nos enganar: *errare humanum est*. Por isso é tão importante sermos sustentados pela Igreja, pedindo a ela (ao nosso diretor espiritual, por exemplo) uma ajuda no **discernimento** que desejamos realizar.

É necessário dizer, no entanto, que jamais teremos uma prova racional, uma certeza infalível e preliminar de que o atalho que desejamos tomar é o melhor para nós, de que o passo que nos dispusermos a dar está correto. Nunca teremos todas as seguranças humanas antes de nos comprometer concretamente. Haverá sempre um salto no escuro.

Não precisamos evidentemente nos lançar de corpo (e alma!) perdido, de maneira apaixonada, na primeira direção que aparecer para nós... Mas é essencial cuidar para que esse possível medo de errar o caminho não nos mantenha durante anos na hesitação e na pusilanimidade.

Conservemos a confiança no Senhor. À medida que estivermos em verdade diante dele, desejando realmente descobrir sua vontade sobre nossa vida – e tomando atitudes para isso –, ele não permitirá que tomemos o rumo equivocado.

E ainda que, tendo rejeitado e esquecido mais ou menos voluntariamente um chamado recebido muito cedo em nossa vida, tenhamos seguido por outro caminho, não é por isso que o Senhor nos abandonará, como se tivéssemos definitivamente decepcionado sua esperança. Com efeito, existem muitos exemplos de homens e mulheres que se descobriram sempre chamados e escolhidos por Deus, enquanto tinham como que faltado a um primeiro encontro de amor com o Senhor. Não há nenhum determinismo capaz de fazer apenas uma via se apresentar a nós, fora da qual não haveria salvação! Sobre cada um de nós repousa uma expectativa divina e uma graça específica; no entanto, nós não somos prisioneiros de um molde específico.

O medo da carência

Ao responder a um chamado, muitas vezes podemos ter medo da carência em domínios muito diversos: medo da carência de lazer, de dinheiro, de distração etc. Há medos ainda mais "profundos": medo da carência de afeto, de carinho...

Podemos temer a **carência**, seja em relação àquilo que tínhamos antes de "dar o passo", seja em relação àquilo a que gostaríamos de ter direito, depois de responder ao chamado. Mas perceberemos progressivamente que essas carências terão se tornado secundárias, acessórias. Estávamos debruçados sobre elas e tomaremos consciência de que nelas não reside a felicidade. **Deus conhece nossas verdadeiras necessidades e as preenche sempre.** Voltaremos a isso quando nos referirmos aos desejos.

O medo de que se exija muito de nós

Esse medo está frequentemente ligado à nossa imaginação, que nos faz antecipar – deformando-as – eventuais provações futuras. Ora, o que vivemos no momento presente sempre pode ser assumido. Deus quer nos ensinar a viver cada dia de uma vez, a nós que quase sempre nos vemos mergulhados no passado ou projetados no futuro.

Logo que nos colocamos a imaginar o que Deus poderia nos pedir para viver no futuro (e isso constitui uma tentação), interpretamos o fruto de nossa imaginação como uma cruz, uma provação ou um sofrimento, o que pode se tornar uma montanha instransponível para nós.

Posso imaginar como viverei num carmelo, ou como assumirei tal responsabilidade na Igreja... E isso me parece – antes de qualquer coisa – acima de minhas forças! Não levo em consideração então a graça que me será dada no momento certo, pois essa graça, por sua vez, só pode ser esperada, e de modo nenhum imaginada antes da hora.

Nossos irmãos e irmãs dos primeiros séculos da Igreja, muitas vezes sofrendo perseguições e martírios, tiveram a graça de vivê-los no momento em que a "ocasião" se apresentava. Antes, sem dúvida, teriam tido medo de que muito lhes fosse pedido (ou seja, a perspectiva do martírio).

Não temamos que Deus exija muito de nós, mesmo se ele quiser que lhe entreguemos nossa vida inteira. Ele nunca nos deixará passar por dificuldades acima de nossas forças. Como diz Santo Agostinho: **"Deus dá aquilo que ordena".** Em outras palavras, ele não nos pede nada para o que não nos torne capazes por sua graça.

Este voo sobre os medos específicos do chamado termina por aqui. Podemos ter um, ou vários. De qualquer maneira, eles são reveladores daquele medo primordial de Deus em cada um de nós. É numa caminhada de confiança em Deus que o mesmo medo desaparecerá, para dar pleno lugar à caridade... pois "o perfeito amor lança fora o temor" (1Jo 4,18).

Exercício espiritual

- Qual seria o tipo de falsa imagem de Deus que eu alimentaria?

- Se posso aprofundar e determinar as causas disto, será que me vejo ainda ferido pela amargura em relação a certas pessoas? Se sim, orar no sentido de um (ou vários) perdão a ser dado.

- Quais são os medos eventuais e evidentes que moram dentro de mim e me "limitam" em meu horizonte social? Se eu consigo apontá-los efetivamente, confiá-los na oração à misericórdia divina.

- Enfim, qual é especificamente o medo relativo ao meu chamado (dentre os diferentes tipos apresentados)? Apresentá-lo ao Senhor no momento de uma oração de entrega e pedir para mim mesmo uma efusão de paz.

CAPÍTULO IV

Liberdade e desejos

Um processo de discernimento vocacional não pode negligenciar esta importante dimensão dos desejos. O ser humano que busca seu chamado carrega consigo inúmeros desejos e se encontra desestabilizado, na maior parte do tempo, quanto à consideração que deve lhes dar. Ele deve levá-los em consideração? Sendo a resposta afirmativa, quais deles (pois alguns são contraditórios)? Os desejos são parasitas que servem apenas para complicar um discernimento? Enfim, são tantas as questões interiores, relativas aos desejos, que acabam nos confundindo...

Mas antes de continuar, reflitamos sobre esta famosa liberdade (a nossa!), tão cara aos olhos do Senhor.

1. A noção de liberdade

Deus nunca faz nada sem nossa liberdade, que é uma espécie de pérola preciosa de nosso estado de criaturas. Com efeito, a pessoa não é nada sem essa capacidade de ser livre, ou pelo menos de se tornar livre.

"Tornar-se livre"... pois não o somos imediatamente. Muitas coisas agitam, influenciam, condicionam e até mesmo alienam a pessoa (lembranças, paixões, desejos, pecados etc.), coisas de que precisa se libertar para saborear cada vez mais a verdadeira liberdade. A liberdade humana é real, mas potencial, e necessitará de um processo de libertação progressiva, para que possa ser operacional, pelo menos em certas dimensões de nossa existência.

Liberdade e desejos 71

Nossa sociedade nos apresenta uma ideia errônea de liberdade. Consequência: ser livre consistiria em poder optar e viver segundo os próprios critérios (tão subjetivos e variáveis) e as próprias decisões. Mas tal conceito é uma caricatura, que lembra mais uma forma de escravidão. Tal ideia de liberdade é completamente egocêntrica, só serve, de fato, ao meu próprio bem e, levando essa lógica até o fim, me faz agir como se eu estivesse sozinho – ou fosse o mais importante – no mundo.

Tal concepção tem a possibilidade de minar ou influenciar negativamente minha atitude diante das escolhas que a vida me impõe fazer. Em vez de favorecer certo distanciamento propício a uma escolha livre, esse rabisco de liberdade, ao contrário, me tornará mais dependente de meus sentimentos momentâneos e me induzirá comportamentos cegos em determinados contextos ou inconsequentes.

No entanto, **a verdadeira liberdade**, aquela cuja semente Deus insere em todo ser humano, **está ligada à noção de verdade**. Ela constitui então a capacidade humana de aderir à verdade: quer seja a verdade sobre Deus, a verdade sobre a pessoa, a verdade da relação entre ambos, ou das relações das pessoas entre si.

Lembremo-nos de Jesus diante de Pilatos, declarando a este último ter vindo dar testemunho da verdade, a verdade sobre quem é Deus e sobre quem é o homem, pois Jesus é ao mesmo tempo verdadeiro Deus e verdadeiro homem. Pilatos tem diante de si a "revelação" da verdade, e não consegue vê-la. "O que é a verdade?", devolve a Jesus. Podemos senti-lo, no Evangelho, "trabalhado" pela pessoa de Jesus; não obstante, ele não se dispôs a acolher a verdade. Pouco tempo depois, Pilatos manda flagelá-lo e o apresenta à multidão cheio de hematomas, coroado com o capacete de espinhos e coberto com o manto de púrpura. "Eis o homem", exclamará.

Supremo paradoxo. Aquele que perguntou a Jesus o que era a verdade apresentará a todos a verdade, sem saber. Assim, o ser humano tem diante de si como que sua própria imagem: Jesus, vestido de toda fraqueza e miséria humanas... E ele não se reconhece. Pior ainda: rejeita Jesus!

Deixemo-nos então instruir sobre o que Cristo nos revelou acerca da verdade. É sobretudo do Espírito Santo o papel de testemunhar a nós essa verdade, aquela que nos liberta: "Quando vier o Espírito da Verdade, ele vos conduzirá à verdade plena" (Jo 16,13). Essa nossa possibilidade de aderir à verdade nos expande, num processo de expansão que também podemos chamar **santificação**.

O espírito do mundo, que não é o espírito do mal (segundo São João), tem este defeito fundamental de ser cego, de não dar lugar a Deus, ou pelo menos o lugar que lhe é devido. Jesus nos dá "o Espírito de Verdade, que o mundo não pode acolher, porque não o vê nem o conhece" (Jo 14,17).

Entregue a si mesmo, segundo o espírito do mundo, o ser humano não tem acesso possível à verdade, ainda que possa identificar algumas verdades parciais ou pontuais, que ele é incapaz de integrar no "conjunto" da verdade que Cristo veio nos revelar. Uma descoberta científica, por exemplo, é quase sempre uma verdade parcial que ninguém, sem Deus e sem liberdade verdadeira, poderá colocar em seu devido lugar, pois permanece cego sobre a verdade plena.

A liberdade não reside em primeiro lugar numa possibilidade de escolha, mas numa adesão à verdade. Tornamo-nos finalmente livres à medida que essa adesão se estabelece em nós. Muitos obstáculos surgem para nos velar essa verdade;

por isso, cada um deverá viver um processo de descondicionamento para crescer na liberdade.

Podemos falar assim em libertação de uma liberdade, a fim de que nossas escolhas não sejam mais condicionadas primeiramente por nossa concepção individual das coisas, mas instruídas e alimentadas pela verdade. Essa libertação progressiva se concretizará no seio de uma experiência absolutamente pessoal. Com efeito, a liberdade não é um conceito ou uma ideologia idêntica para todos. Ela é uma experiência de descondicionamento em relação àquilo que nosso passado tiver conseguido trazer de alienante e que pese ainda sobre nosso presente.

Salientemos, por fim, que a liberdade não está diretamente ligada àquilo que percebemos pela inteligência ou mediante nosso entendimento. A Virgem Maria, no momento da Anunciação, pronunciou seu "sim" num ato totalmente livre, ainda que não compreendesse completamente o que lhe estava acontecendo, e sobretudo as consequências que esse *fiat* implicaria...

A verdadeira liberdade é aquela que nos torna capazes de dizer sim à verdade, sim a Deus, independentemente daquilo que possamos compreender, sentir ou experimentar.

2. Os desejos

A intenção destas linhas não é entrar numa análise ou numa interpretação da **noção de desejo na afetividade humana**. Inúmeras são as escolas de psicologia que se dedicaram a isso e as teorias sobre o assunto pululam. Aqui nos contentaremos em fazer algumas considerações sóbrias e principalmente alguns direcionamentos simples relativos diretamente à nossa principal intenção nesta obra: **o discernimento de uma vocação**.

O ser humano – é preciso dizê-lo logo de cara – é um ser de desejo. É completamente normal experimentar dentro de si desejos de qualquer tipo, independentemente de sua "legitimidade". Eles estão aí, de fato, e sua existência não sinaliza uma anomalia. Não ter mais desejo, no entanto, isso sim seria anormal. Deus não é inimigo do desejo humano, na medida em que esses desejos, inclusive os mais simples e naturais, emanam de uma liberdade que se orienta para a verdade. Os santos não foram grandes intocáveis. Ao contrário, eles foram pessoas "elevadas" pelo desejo: o desejo da verdade plena, da qual o Espírito não cessa de dar testemunho neles.

Todavia, se a capacidade de desejar é profundamente humana, reconheçamos que nem todo desejo é "bom para ser acolhido". A pessoa pode desejar o melhor, como também o pior, sendo continuamente habitada por desejos que apontam para todas as direções, muitas vezes contraditoriamente. Então, como gerenciá-los? Alguns deles são maus, outros normais e legítimos (como o de se alimentar e se aquecer). Com efeito, somos dependentes de um meio, que pode ser afetivo, social, climático, ou mais invisível... Quer nos agrade quer não, **devemos viver em contato com outros**, com o meio que nos circunda, a criação inteira.

E não podemos deixar de levar em conta essa dimensão espiritual inerente a todos. Pois o ser humano, apesar do que se diz sobre ele, é por natureza religioso, em sentido amplo, ou seja: está ligado a... Ele sente sempre um desejo do sagrado, ainda que esse desejo possa ser desviado ou falsificado dentro dele. Nesse sentido, chegamos à noção de idolatria.

A orientação de muitos desejos humanos dependerá igualmente da moral e da ética do meio em que se está inserido. Exemplo bastante atual: se apresentarmos a uma mulher o aborto como algo banal e medicinal, seu desejo, se as circunstâncias a conduzirem a isso, apontará mais "naturalmente" nessa direção. Portanto, existem inúmeros tipos de interferências responsáveis pela gênese dos desejos humanos.

3. Desejos naturais e desejos sobrenaturais

Para simplificar as coisas, poderíamos – na ótica de um discernimento – classificar os desejos em duas categorias: os desejos naturais e os desejos sobrenaturais. O que temos a dizer sobre isso?

Os **desejos naturais emanam da própria pessoa**, dela que, como dizíamos há pouco, é capaz do melhor, mas também do pior. Ela pode desejar dinheiro, comida, uma situação financeira estável, um lazer determinado, um carinho, uma amizade, uma aventura, uma experiência que lhe seria trágica etc. Contudo, mesmo os desejos naturais mais belos são sempre manchados por uma vontade de apropriação e certo egocentrismo. Um desejo de matrimônio, em si muito louvável e legítimo, comporta sempre um fundo de apropriação, que, no entanto, não é seu único componente – ainda bem!

Esse egocentrismo veiculado por todo desejo natural não significa em hipótese alguma que seja mau, pois não cabe aqui julgamento moral do desejo (nesse sentido, o desejo de matrimônio é muito bom), mas de nossa maneira de alimentar um desejo, seja ele qual for. E este último, quando é natural, visa sempre, mesmo inconscientemente, a aquisição de um bem para si. Deus não condena de modo algum a realidade do desejo natural. Muito pelo contrário, ele se serve de tal desejo para continuar a soprar a vida no ser humano. Entretanto, na ordem do discernimento de uma vocação, compreendemos bem que um desejo muito natural, ligado a esta ou àquela forma de chamado, traz em si o risco de transformar uma situação em armadilha... ou talvez de nos ensurdecer para o verdadeiro chamado do Espírito Santo.

No coração humano, **os desejos sobrenaturais**, por sua vez, **são o testemunho desse mesmo Espírito Santo** sobre o olhar que Deus dirige sobre a nossa vida. Eles nos habitam bem mais do que imaginamos. O pecado em nós (aquele que conhecemos e aquele que não conhecemos) simplesmente faz com que nos tornemos facilmente cúmplices dos desejos naturais, mais do que dos sobrenaturais.

Esses desejos sobrenaturais, que podem inclusive anteceder ao batismo, não se opõem necessariamente aos desejos naturais. Eles podem inclusive (o que ocorre com bastante frequência) "colonizá-los" e progressivamente purificá-los (de sua dose de egocentrismo, entre outros), sobrenaturalizando-os. Deus deseja nos ensinar a amar (e a desejar) como ele, ou seja, com gratuidade e atitude de oblação.

É assim que os desejos sobrenaturais se tornarão para nós como que o fermento espiritual, despertando uma relação de reciprocidade com Deus. Quando o Espírito me faz desejar (sobrenaturalmente), é sempre, no fim das contas, para me fazer entrar numa maior relação de amor e de doação com Deus. Ele nos dá a possibilidade de conhecê-lo primeiramente pelo dom da fé; mas na experiência concreta, ele se faz "saborear", revelando-se por meio dos desejos sobrenaturais que, aliás, somente ele pode saciar.

Não precisamos imaginar que um desejo sobrenatural seja algo de "etéreo" ou desencarnado. Não obstante, um desejo espiritual pode ser simplesmente natural, de modo que existem homens e mulheres que se refugiam no espiritual por compensação ou para fugir de um problema pessoal (aí está o egocentrismo do desejo).

Certamente, habitam ao mesmo tempo em mim desejos naturais e desejos sobrenaturais. Vários destes últimos podem me motivar enormemente e eu posso, ao mesmo tempo, me entregar a atitudes de pecado, por intermédio dos desejos naturais "negativos". Todas as pessoas, mesmo os mais pecadoras, podem sentir dentro de si desejos sobrenaturais autênticos, às vezes muito poderosos. Isso não é exclusividade de certo grau de santidade adquirida.

4. Como perceber esses desejos sobrenaturais?

Pergunta difícil, pois o indivíduo é um ser bem complexo e heterogêneo! Algumas especificidades existem e podem, contudo, nos ajudar a começar um discernimento.

São João, ao falar de Deus, nos diz essencialmente que ele é Amor e Luz. Muitos outros atributos podem ser imputados a ele, como a bondade, a paz, a força, a alegria... Mas Deus se revela ao humano por meio dessa dupla face de Luz e Amor. É assim que, na experiência do desejo sobrenatural, a luz e o amor são dois aspectos distintos, através dos quais o Senhor é capaz de se manifestar. Uns sentirão um desejo sobrenatural sob o ângulo da luz; outros, sob o ângulo do amor, de modo que um não exclui o outro.

Quando Deus revela mais de sua face de luz, é como se uma evidência se impusesse (mais ou menos progressivamente) diante de mim. Eu então percebo subitamente algo que se torna cada vez mais claro em minha alma, ainda que, paradoxalmente, isso pareça ter pouco a ver comigo; ainda que eu não esteja muito interessado, ou com medo. Há uma evidência, que não é uma obsessão, nem uma ideia fixa, que não posso negar e que me deixa em profunda paz, a despeito de possíveis agitações interiores. Não se trata de uma evidência ligada a uma reflexão preliminar: é uma evidência de luz que me invade lentamente e que não implica que eu sinta ao mesmo tempo qualquer ímpeto afetivo. Essa graça (pois é bem isso que ela é) pode ter acontecido bem cedo em minha vida e depois ter sumido. Ela ressurgirá sem dúvida em certas circunstâncias propícias, pois esse tipo de luz é durável, e não efêmero.

Quando Deus se manifesta a mim em sua face de amor, a experiência do desejo é diferente. Trata-se aqui mais de uma atração, às vezes irresistível, sem que haja forçosamente evidência luminosa. Posso ter um desejo forte por alguma coisa e me ver surpreendido pelo fato de tal desejo, não correspondendo especialmente a meus gostos, a meus hábitos, me parecer inacessível, acima de minhas forças. Essa experiência de atração interior pode se prolongar no tempo, ou então ser vivida de maneira discreta ou fugitiva, como uma espécie de *flash*. As ocupações cotidianas poderão se encarregar de varrer esse ou esses desejos. Mas pouco a pouco, os *flashes* retornarão e a atração reaparecerá mais nitidamente.

Eis de modo sucinto algumas considerações sobre como se vivem em geral os desejos sobrenaturais, em forma de luz ou de amor... ou dos dois modos. Quando há uma mistura desse dois "componentes", um sempre predominará sobre o outro.

Certos desejos naturais fortes podem ser experimentados de maneira semelhante. Por isso é importante pôr em evidência alguns critérios de distinção.

5. Desejo natural ou sobrenatural?

Quatro pontos nos ajudarão a identificar a qualidade sobrenatural de um desejo. Eles não são completos, nem constituem uma certeza absoluta, que inexiste nesse domínio – é na fé que se vive o caráter sobrenatural do desejo, e a fé, justamente, não pode ser demonstrada.

1 – Um desejo sobrenatural é mais profundo que um desejo natural e quase sempre necessita de uma "decantação", para emergir no campo da consciência. O homem moderno, que vive muito sobre a superfície de si mesmo, é convidado a tomar tempo e adquirir os meios propícios para reencontrar aquele ou aqueles desejos sobrenaturais que já o habitam. Portanto, **é preciso voltar para dentro de si**, orar, estar à escuta da voz interior (que não tem nada de uma introspecção psicológica), silenciar, apartar-se dos barulhos de todos os dias. Fazer um retiro, disponibilizar para si um tempo de meditação e de oração cotidiana, estar atento a um fulgor interior que se delinearia por ocasião de um encontro ou da emergência de uma lembrança etc.

2 – Um desejo sobrenatural é perseverante. É tenaz e não depende de nossos estados de alma. Ele permanece mais ou menos latente, apesar de eventuais tempestades interiores. Ao contrário, os desejos naturais estão quase sempre "por um fio": são efêmeros. Basta as circunstâncias mudarem e eles

se atenuam, até mesmo desaparecem ou se modificam de acordo com os acontecimentos.

3 – Um desejo sobrenatural pode passar por nossa natureza, mas também ir ao seu encontro. Sua emergência às vezes nos surpreende. Que não se diga para si mesmo logo de cara: "Isso não sou eu, isso não se parece em nada comigo... logo, não vem de Deus". Nesse momento, o conselho ou o parecer de um guia espiritual se mostra precioso. Aliás, não parece que se possa verdadeiramente decidir sobre uma vocação à qual se dedicará, sem uma orientação espiritual de fora. No quadro de um discernimento vocacional, o papel do conselheiro espiritual é necessário. O conhecimento que ele certamente tem das vias de Deus, e também daquilo que somos, lhe permite ajudar-nos com eficácia, confirmar ou remediar o que pressentimos, sensibilizar-nos num domínio em que estaríamos cegos. A **direção espiritual** não é o foco deste estudo, mas para qualquer um que procura seu chamado, a intervenção de uma ajuda espiritual é mais do que aconselhada. Essa função não está reservada ao padre, embora este tenha a "ciência espiritual" para aconselhar. Mas toda pessoa que ama a Deus com fidelidade e dá testemunho disso em sua vida, que ora regularmente, que tem bom senso e sabedoria, que já nos conhece um pouco em nossa caminhada e em relação a quem podemos sentir uma confiança; toda pessoa "desse tipo" está apta a praticar a nosso respeito e após nosso pedido uma função de conselheiro espiritual.

4 – Enfim, os desejos sobrenaturais nos convidam a uma **superação de nós mesmos**, numa doação maior e mais generosa do que um simples desejo natural. Vimos anteriormente que este último, ainda que seja de grande qualidade moral, nos estimula (secretamente, na maior parte das vezes) a um prazer individual e egocêntrico. Um desejo sobrenatural,

no entanto, nos leva a nos doar a Deus, aos outros, às vezes ao preço de uma renúncia de nós mesmos.

6. Viver um desejo sobrenatural

Pode acontecer que, em nossa impaciência, tal desejo pareça não ter resultado. E nós sofremos então com essa falta de realização. Várias razões justificam essa derrota aparente:

1 – Um desejo sobrenatural não deve necessariamente se concretizar logo, pois ele pode ser verdadeiro, mas imaturo. Nós precisamos então que a graça divina nos trabalhe ainda, a fim de sermos capazes de acolher a vontade de Deus para nós. Podemos desejar ardentemente algo, sem que estejamos imediatamente aptos a vivenciá-lo. Convém simplesmente **aprender a ter paciência**, com confiança e sem esmorecer. Deus trabalha... O essencial é isso.

2) Pode acontecer também que Deus nos faça desejar algo que ele jamais nos pedirá. Nenhum sadismo ou traição de sua parte! Essa possibilidade é pouco comum, mas deve ser assinalada. Trata-se de uma "santa astúcia" divina, ou melhor, de sua misericórdia para conosco. Tudo se passa como se Deus, sabendo que corremos o risco de lhe apresentar uma recusa se ele falasse claramente, se colocasse por um tempo de acordo com nossa limitação. Poderíamos dar meia-volta se ele nos revelasse logo de cara o que deseja de nós. Ele então nos acompanha num primeiro desejo, para nos dar tempo de crescer, de amadurecer em nossa liberdade, numa conformação progressiva a sua sabedoria, que reserva às vezes muitas surpresas.

Não é que Deus minta ou brinque conosco. Muito pelo contrário: ele nos ajuda em nossa fraqueza e nos prepara a ouvir, no momento oportuno, o que ele terá a nos dizer sobre nosso verdadeiro chamado. Quem sabe se, entre nós, alguns não ficariam completamente ensandecidos ao saber muito cedo qual é a vontade divina para suas vidas... e assim recusariam o convite.

3 – Enfim, podem subsistir em nós certos domínios não convertidos, não ainda visitados pela graça divina, e que têm necessidade de ser purificados, restaurados, até mesmo lavados antes de poder acolher concretamente o que nós começamos a desejar em Deus. Esses domínios podem não ter relação com a forma de nosso chamado, mas constituem, sem que suspeitemos, um obstáculo a esse chamado. Talvez haja alguma renúncia ativa ou passiva (na ordem de um *espinho na carne*, segundo São Paulo, a ser aceito, por exemplo) a ser vivida?

Portanto, sejamos pacientes, de qualquer maneira, e não nos encarreguemos por nós mesmos da realização de um verdadeiro desejo em nós. A história de Abraão tem muito a nos dizer nesse sentido: a promessa de uma numerosa descendência lhe foi feita. Tomado por esse desejo, e sem dúvida com impaciência, Abraão quis acelerar ao seu modo a realização da promessa. Assim, ele procurou sua escrava Agar, para que ela lhe desse um filho: Ismael. Entretanto, aquela não era a hora nem o caminho escolhidos por Deus para ele!

7. Os desejos-refúgio

Fala-se frequentemente, muito talvez, numa **progressão da escolha**. Contudo, é verdade que os desejos-refúgio existem e que, apesar de sua aparência sobrenatural, eles são apenas naturais, às vezes persistentes, estando ligados a feridas pessoais, sofrimentos de que se foge, lançando-se numa aventura com Deus, porém, em meio a ausências de verdade (involuntárias). Eles se colocam como uma máscara sobre um problema interior e constituem uma reação compensatória e valorativa a uma chaga profunda que, antes de qualquer coisa, precisa ser curada.

De certa maneira, Deus também respeita tais desejos, podendo até mesmo servir-se deles. Mas às vezes eles se encontram tão ancorados em nós, que acabam se tornando "intocáveis" para Deus. Essas reações de nosso eu diante de medos profundos, subterfúgios mais ou menos inconscientes, têm necessidade de ser consideradas no contexto de um discernimento vocacional. Pode ser, por exemplo, uma fuga-refúgio na religião, no sobrenatural, para não assumir uma parte de nossa vida que nos causaria muita angústia. Pode ser também um profundo sentimento de culpa que nos levaria a querer consertar ali onde pensamos ter errado.

Lembremos, entretanto, que até mesmo esses desejos estão sujeitos a ser visitados pela graça divina, o que pode levar tempo. O importante é aceitar deixar-se visitar por Deus precisamente na razão profunda de um desejo-refúgio.

Por fim, é preciso observar que uma tendência "psicologizante" do discernimento espiritual teria o inconveniente de ver esses desejos-refúgio em tudo, o que é lamentável, na medida em que pode desencorajar aquelas pessoas que, mesmo feridas seriamente em seu ser interior, são autenticamente chamadas por Deus. Daí a necessidade de um discernimento afinado e objetivo, que jamais se contentaria com uma análise exclusivamente psicológica.

Exercício espiritual

- Será que, no passado, eu recusei minha liberdade à solicitação da graça? Se a resposta for positiva, em qual(is) ocasião(ões)? À medida que sentir certo arrependimento em meu coração, posso, na oração, implorar o perdão do Senhor.

- Que desejo(s) sobrenatural(ais) habita em mim hoje? Pedir com insistência ao Senhor para fazê-lo perder vigor, caso me encontre no erro, ou intensificá-lo em minha consciência, se for verdadeiro.

Capítulo V
A unção

As considerações às quais passaremos agora são de delicada compreensão, pois o assunto se revelará bastante original e constituirá uma descoberta para aqueles que vivenciarem um retiro vocacional. Num discernimento de vocação, em que a dimensão intuitiva tem sua importância, como especificamos no início, **a noção de unção pessoal é determinante...** Mas ainda convém definir bem o que ela compreende.

A palavra por si mesma é questionadora e dois aspectos se encontram a ela vinculados. Analisaremos rapidamente, num primeiro momento, o aspecto que aparece sobretudo no Antigo Testamento e que, agora, aponta para a realidade espiritual de nossa unção. Num segundo momento, daremos maior atenção à unção profética de Cristo, observando o modo como o Novo Testamento a apresenta, pois é dela que se origina a unção que repousa sobre cada batizado.

1. A unção no Antigo Testamento

Nos escritos veterotestamentários, a unção está frequentemente vinculada ao óleo derramado sobre a pessoa. Para os hebreus, o óleo penetra profundamente o corpo daquele que é ungido. Seus símbolos são: **a alegria, a saúde, a força, o equilíbrio, a felicidade...** Quando se ungia alguém com óleo, era quase sempre sobre a cabeça, como sinal de alegria, de comunhão, por ocasião das grandes festividades de que todo o povo participava.

Óleo e perfume alegram o coração (Pr 27,9).

Vede: como é bom, como é agradável habitar todos juntos, como irmãos. É como óleo fino sobre a cabeça, descendo pela barba, a barba de Aarão, descendo sobre a gola de suas vestes (Sl 133,1-2).

Inversamente, se um homem rejeita a unção com óleo, ou se priva dela, é porque se encontra em situação de infelicidade. Em sinal de luto ou de penitência, as pessoas se abstinham da unção: "Nesses dias, eu, Daniel, mortifiquei-me por três semanas: não comi nenhum alimento saboroso, carne e vinho não entraram em minha boca, nem me ungi de maneira alguma até se completarem três semanas" (Dn 10,2-3).

Derramar óleo sobre a cabeça de um convidado também podia constituir uma marca de honra a seu respeito. Aliás, podemos encontrar o eco disso na passagem da unção em Betânia, quando Maria Madalena unge Jesus, enquanto Simão, o leproso,[1] não havia feito o mesmo com seu hóspede.

Entretanto, existe outro significado para a unção com óleo, bastante recorrente no Antigo Testamento: trata-se da unção como **consagração** (certos objetos de culto eram ungidos, adquirindo assim um caráter sagrado; isso era feito em particular para o altar).

A unção real feita por um sacerdote, ou em especial por um homem de Deus, como um profeta, sinalizava para o povo

---

[1] No original em francês, Philippe Madre se refere a Simão, em casa de quem Maria Madalena unge com perfume a cabeça de Jesus, como "o fariseu". Na tradução da *Bíblia de Jerusalém*, contudo, tanto Marcos quanto Mateus designam esse Simão como "o leproso" (Mt 26,6; Mc 14,3). Ver também, no capítulo 2, o item 8 (segundo parágrafo), sobre Maria Madalena. Preferimos optar aqui pela tradução da *Bíblia de Jerusalém,* que também serve de base para as citações bíblicas ao longo de todo o livro. [N.T.]

que um homem fora escolhido, eleito por Deus para governar. Esse exercício do governo se tornava possível por aquilo que conferia a unção: uma relação de participação e intimidade com o Espírito de Deus. Lembremo-nos de quando Davi foi ungido pelo profeta Samuel: "Samuel apanhou o vaso de azeite e ungiu-o na presença dos seus irmãos. O espírito de Iahweh precipitou-se sobre Davi a partir desse dia" (1Sm 16,13).

Os sacerdotes também eram ungidos (com esse significado de eleição ou consagração) e, mais particularmente, o sumo sacerdote, como Moisés ungiu Aarão.

2. A unção no Novo Testamento

A unção profética de Cristo

O capítulo 10 dos Atos dos Apóstolos nos fala de Jesus como aquele que *Deus ungiu com o Espírito Santo e com poder* (At 10,38), o que de fato ocorreu, de modo muito especial, no dia de seu batismo no Jordão, pelas mãos de João Batista, marcando o início de seu ministério público e de sua obra de redenção. O próprio Jesus, fazendo referência a Isaías 61,1 (*O Espírito do Senhor Iahweh está sobre mim, porque Iahweh me ungiu*), define sua unção como profética, para o anúncio da Boa-Nova. Esse anúncio da mensagem evangélica não será feito somente por meio de suas palavras, mas por meio de toda a sua vida, até sua morte na cruz.

Essa unção profética que repousa sobre a pessoa de Jesus é, de fato, toda a espera, toda a esperança – assim como toda a força no Espírito Santo – que o Pai colocou nele, para o cumprimento da redenção dos homens. A unção fazia com que, dia após dia, Jesus penetrasse completamente essa espera. Ele se entregava à realidade dos acontecimentos e podia, assim, aderir plenamente ao projeto do Pai para ele.

É aqui que precisamos definir o papel primordial do Espírito Santo, que jamais deixou de "informar" Jesus, a cada minuto, a cada segundo de sua vida entre os homens, a respeito do que o Pai esperava dele. Foi assim que grandes figuras da Igreja puderam apresentar o Espírito Santo como uma espécie de Pai espiritual de Jesus. Ousemos dizer que, sem essa **orientação permanente do Espírito**, Jesus não poderia saber como responder a essa espera.

Todavia, não houve nenhuma programação preliminar dos acontecimentos da vida de Jesus. Ele não veio habitar conosco para morrer numa cruz, como se tudo estivesse predeterminado. Ele veio para salvar a humanidade, para nos amar até o extremo e nos revelar o amor divino incondicional... apesar do perigo de morrer.

O cristão também recebe uma unção

Por seu batismo e sua confirmação, todo cristão é portador de uma unção especial, que é de fato uma participação na própria unção de Cristo: "Vós, porém, tendes recebido a unção que vem do Santo" (1Jo 2,20); "Aquele que nos fortalece em Cristo e nos dá a unção é Deus" (2Cor 1,21).

Nossa unção é ao mesmo tempo uma "porção", um aspecto da unção de Cristo, e também nossa própria unção. Nesse sentido, Jesus "recapitula" todas as nossas unções: as unções do conjunto dos membros da Igreja. Cada cristão é, assim, **depositário de uma unção**, da qual infelizmente tem muito pouca consciência e dentro da qual lhe é muito frequentemente difícil de entrar.

A arte dos vitrais ilustra bem a noção de unção pessoal, que é participação da unção de Cristo. Um vitral se compõe de inúmeros pedaços de vidro, com cores e formatos diferentes. Cada pedaço está ligado ao outro por um fio de metal que serve para constituir o vitral em seu conjunto. Cada pedaço considerado em separado não representa nada e precisa ser associado aos outros para encontrar seu lugar próprio. Quando o sol lança seus raios sobre o vitral, este se acende com luzes multicoloridas e variações de tons que o compõem. Se uma só cor lhe falta, o efeito fica prejudicado.

O mesmo se pode dizer acerca da Igreja, onde o **Espírito anima e acende cada um de seus filhos e filhas.** Cada um tem sua unção própria, sua graça particular. Por isso cada um é indispensável...

A unção de que falamos não é uma espécie de rito, mas uma realidade espiritual que se apreende pela fé. É toda expectativa específica sobre mim, toda expectativa que Deus tem sobre minha vida. É a graça que me é própria... e mais do que isso. Pois quando se fala de graça pessoal, faz-se frequentemente alusão a um dom de Deus no presente, enquanto a unção é também como a esperança de Deus em relação àquilo que me tornarei (se corresponder fielmente a seu desejo sobre mim).

São Bernardo considera como uma marca distintiva dos filhos de Deus o fato de, pela unção, serem instruídos em relação a tudo. Com efeito, essa unção lhes ensina os caminhos de Deus, lhes dá força e coragem para continuar sem cessar a responder ao chamado que lhes é dirigido, e isso em toda circunstância.

3. Características da unção

1 – A unção é, portanto, **a esperança e a expectativa de Deus sobre mim**, ao longo de toda minha vida e não somente para uma circunstância "inicial", que colocaria minha vida sobre trilhos, como se tudo já estivesse dado ou encenado. Essa espera é única e não se assemelha a nenhuma outra. Uma unção não pode ser substituída, se aquele que a leva consigo não faz sua parte. Isso é impossível a Deus, pois assim é seu amor e porque sou insubstituível para ele.

Posso fazer o mesmo trabalho de outra pessoa (e ainda assim não o farei do mesmo modo), mas não posso transferir minha unção, nem me apoderar da de outrem. O olhar e a esperança que Deus deposita sobre mim são únicos, e se pouco me importo com isso, fazendo unicamente minha própria vontade, o Senhor não me destituirá de minha unção, para dá-la a outra pessoa. "Seus dons são irrevogáveis", dirá São Paulo. Nesse sentido é que há um sofrimento no coração de Deus diante de todas as unções que permanecem "inexploradas", pelas pessoas que, apesar de tudo, continuam a ser seus portadores.

Entrar na própria unção (ou responder bem a ela, o que dá no mesmo) não quer dizer empreender milhões de coisas para o Senhor, mas antes de mais nada deixar-se instruir por ele, naquilo que ele nos pede, o que se faz como que tateando, sobretudo no começo. Mas a unção me precede e me ensina, me faz penetrar naquilo que a sabedoria divina já espera de mim, o que necessita de um crescimento na confiança e na possibilidade interior.

Sou insubstituível para Deus e a Igreja, mesmo se me sinto incapaz e indigno. Aliás, não é proibido experimentar certo orgulho de ser portador dessa graça única. Não um orgulho prepotente, que diminuiria o outro, mas um orgulho como aquele, por exemplo, de Santa Teresinha do Menino Jesus: permanecendo humilde diante do dom que Deus lhe outorgava e que lhe era perceptível, ela se orgulhava de sua unção. Para ela, a unção era "ser no coração da Igreja o amor", descobrindo e fazendo os outros descobrir aquela famosa pequena via, a via da infância espiritual, num contexto fortemente influenciado pelo Jansenismo, em que a noção de mérito tornava insuportável a vida do cristão. Essa intuição que subiu ao coração de Teresinha era como a percepção de sua unção, na qual ela quis se introduzir sempre mais.

Se minha unção é única, quer dizer que a do outro é plenamente digna de respeito e do mesmo modo digna de fé. Daí a inutilidade de quaisquer formas de invejas que ofendam o corpo de Cristo. Quantas pessoas na Igreja invejam a unção alheia! No entanto, elas jamais poderão tomá-la para si. Além do mais, invejar ou cobiçar a unção de outrem serve para nos cegar diante daquela que nos é própria, impedindo que a deixemos desenvolver-se para o bem de todos.

Nossas **unções são complementares** e precisam umas das outras, para que se expandam no seio do corpo de Cristo.

2 – A unção também é como um **poder de atração** que se apodera de mim e faz com que, de maneira irresistível, eu me sinta atraído por algo. Posso frear essa atração, quando tenho medo, por exemplo, o que não impede que Deus "me detenha" por meio de minha unção. Atraído para quê? Ou para quem?... Um lugar, uma pessoa, um mistério ou um episódio da vida de Cristo, um serviço etc.

Atenção! Aqui também é possível uma ilusão espiritual. O papel de um diretor espiritual é importante.

3 – A unção também é: **força em nós**. Quando o Senhor nos faz pressentir sua expectativa a nosso respeito, e nos sentimos atraídos por... Ele nos dá ao mesmo tempo a força necessária para corresponder-lhe. E essa força está em minha unção. Por ela, sou forte, não por minhas próprias aptidões e competências, mas pela força que Cristo reparte comigo, em vista daquilo a que sou chamado.

Se, por exemplo, repousa sobre mim uma unção de compaixão, e mais precisamente em relação aos agonizantes, é essa mesma unção que me dará força para cuidar de um doente em estado grave (ao passo que, naturalmente, eu teria talvez vontade de fugir), que me fará encontrar a atitude correta, as palavras ou os gestos que consolam; que me manterá firme quando a dúvida me perseguir, que me ajudará a ser transparente para com esse agonizante, na presença do próprio Cristo.

Posso evidentemente me descobrir fraco, incapaz, cansado. A fraqueza é porque sou humano. E é justamente nessa fraqueza que minha unção (a força de Cristo) pode e deve se desenvolver. Pois é exatamente quando sou confrontado por minhas limitações que sou desafiado a acolher de modo mais pleno minha unção e a força dela decorrente.

4 – A unção é, enfim, uma **fecundidade** prometida àquele que a acolhe e dela vive. É evidente que Deus se encarrega da fecundidade de minha vida e de meu chamado, mas os frutos (em sua qualidade e abundância) dependem também da maneira como acolho a unção. Tomemos o exemplo daqueles que exercem uma função de pregação. Não são todos que têm a unção para isso, ainda que seja bom pregar.

Alguns estão, quanto à pregação, mais ou menos fora de sua unção. Outros têm realmente essa unção e a põem em prática, deixando-se atrair, deixando-se tocar cada vez mais pela graça da pregação. É interessante constatar que estes últimos são portadores de frutos de conversão, de consolo ou de cura, bem mais do que os primeiros. Em linguagem popular, poderíamos dizer que, para estes, o rio não passou, mas de qualquer maneira é uma questão de unção.

Há cristãos que exercem atividades louváveis na Igreja, com devotamento, mas se incomodam com os poucos frutos que colhem. Sem fazer um julgamento apressado, seria conveniente perguntar-lhes se tais atividades entram realmente no contexto de sua unção.

5 – Devo finalmente observar que a unção depende exclusivamente do amor de Deus, que a concede a mim gratuitamente. Isso quer dizer que minha unção não depende de minha psicologia, nem de minha afetividade (mesmo ferida), nem de meus desvios. Ela leva em consideração e integra tudo isso, mas nunca é reduzida por conta de minhas fraquezas ou de minhas vulnerabilidades. Pensemos em alguém como Marthe Robin, tão vulnerável em seu corpo e em seu psiquismo, mas portadora de uma poderosa unção... poderosa sim, porque a deixou expandir-se em toda sua vida, ao longo dos anos, mantendo sua originalidade.

Essa unção que repousa sobre nós tem um peso e nunca nos será retirada. No entanto, podemos distanciar-nos e assim nos privar (mais ou menos) de sua força e fecundidade. Quase sempre a negligência ou o desânimo é causa disso. Pode acontecer também que, embora permanecendo em nossa vida, a unção pareça se retirar ou se distanciar em certos períodos (o que não é por nossa culpa, mas o efeito de um tempo de aridez ou de purificação interior). Nesse momento, devemos abrir bem "os ouvidos de nosso coração", pois o Espírito Santo deseja sem dúvida nos trazer uma luz nova.

Exercício espiritual

- Que posso humildemente dizer sobre minha unção?
- Será que eu a desconheço completamente ou posso apontar alguns elementos que a compõem? (Um componente da unção é uma motivação espiritual pessoal que se desenvolveu em mim, me interessa especialmente e não desaparece, pelo que não posso retirá-la de mim. Pode ser, por exemplo, a compaixão, a adoração, a necessidade de ensinar, de ouvir, de servir, de orar etc.)
- Que circunstâncias de minha vida me fizeram provar particularmente dessa unção? Nessa oportunidade, pude me sentir verdadeiramente "no meu lugar"? Se não encontro circunstâncias fortes que me permitam confirmar um componente de minha unção, é melhor não aceitá-lo como tal e renunciar a integrá-lo à minha unção.

CAPÍTULO VI
Para um discernimento de nossa vocação

Deus, pela graça de nosso Senhor Jesus Cristo, chama todos os homens a servi-lo e, ao mesmo tempo, a descobrir seu amor através desse chamado. Somente os cristãos sabem, mediante a fé, que sua vocação se origina na pessoa de Jesus, verdadeiro Deus e verdadeiro homem, pelo fato de que ele deu a própria vida para a salvação de todos... Para que todos se descubram chamados por Deus e recebam assim o sentido verdadeiro de sua existência sobre a terra.

O Senhor nunca chama da mesma maneira, já que tal chamado está atrelado à **história pessoal de cada um**. Entretanto, existem alguns critérios que podem ajudar num discernimento e a legitimar um chamado. Aqui também, nada de provas racionais, pois tal experiência só pode ser vivenciada na fé. Mas tais referências não deixam de ser valiosas e tentaremos desenvolvê-las agora.

1. A urgência dos tempos

Deus parece chamar mais hoje do que ontem. Vocações cada vez mais numerosas surgem atualmente e esse despertar parece recente... e sem dúvida nenhuma se tornará mais amplo nos anos vindouros. É evidente que Deus sempre chamou, mas ultimamente temos assistido a um incomparável recrudescimento do "fenômeno".

Essa constatação pode até chocar; no entanto, é a mais pura verdade, o que não quer dizer de modo algum que os homens e as mulheres deste início de terceiro milênio sejam melhores ou mais "merecedores" que seus predecessores. Muitas vezes, eles são inclusive mais fracos, mais feridos e mais sensíveis ao sofrimento (seja ele qual for) do que antes (isso é uma constatação médica).

Contudo, parece que vivemos um período sem igual na História (como também ocorreram outros na história da Igreja), em que o Senhor precisa de operários para sua messe, que se anuncia abundante em nossa época... E o tempo urge. A Igreja, na voz dos últimos papas desde o Concílio Vaticano II, não cessa de repeti-lo aos cristãos, encorajando-os a se abrir aos **diferentes chamados do Espírito Santo**.

Somos felizes por viver esses tempos atuais, ainda que estejam repletos de sombras e angústia. Trata-se de uma oportunidade assustadora, pois, se Deus intensifica seus chamados, ele parece também torná-los mais radicais do que antes, e isso para qualquer estado de vida (vida conjugal, vida religiosa...). Por isso, a possibilidade de "olhar para trás" ou dar uma resposta negativa é menor. Para estes tempos que se consideram os últimos (o que não significa que o fim do mundo esteja próximo, mas que nossa época está carregada de uma graça incomparável, como preparação para uma transformação que ninguém pode nem deve imaginar), Deus está preparando para si apóstolos de todos os tipos.

Deve-se observar que o processo "clássico" de caminhada espiritual parece agitado para muitos... como se a graça queimasse as etapas ou se derramasse de modo diferente nas almas daqueles e daquelas que se voltam para Deus, para Cristo. Graças que antes estavam reservadas a pessoas bastante adiantadas na vida espiritual ou mística, são por vezes concedidas a jovens recém convertidos (ou mesmo não convertidos ainda). Não há por que gastar nosso latim aqui! Não estamos querendo dizer que haja uma espécie de favoritismo divino para nossa época, e essa agitação das etapas não constitui uma facilidade ou uma substituição para a vida com Deus. As exigências elementares permanecem as mesmas, pois Deus quer que sejamos santos... Mas ele se põe nesse caminho com o homem de maneira diferente, em razão desse contexto dos "últimos tempos".

Levemos a sério, portanto, as investidas de amor de nosso Senhor e nos disponhamos a discernir o que ele espera de nós. A aposta é importante, para cada um, e para a Igreja. A prudência é evidentemente indispensável e deve temperar o entusiasmo momentâneo, que poderia nos lançar de olhos vendados numa direção ruim ou em areias movediças. O Espírito quer que sejamos ardorosos e audaciosos, mas não suicidas. No fim das contas, deve-se **estabelecer uma aliança com nosso Deus...** o que é só o começo.

2. As duas grandes questões

Para quem se questiona sobre seu chamado, três tipos de situação podem se apresentar. Estabelecer qual deles nos diz respeito consiste numa boa preparação ao discernimento.

- Há aqueles que se sentem realmente, e há um bom tempo, num momento de transição em sua vida. Esses pressentem, a partir de diversos acontecimentos, que o caminho até então percorrido começa a formar uma curva, ou a tomar uma direção diferente, que eles mesmos não escolheram. Suas vidas, ainda que já estejam bem abertas para Deus, lhes parecem ausentes de sentido, ou pensam que não correspondem mais àquilo que delas esperavam. A pergunta que se apresenta então é a seguinte: "Que fazer? Que mudar? Por quê? Por onde começar?".

- Há aqueles (ou aquelas) que se sentem atraídos para uma direção ou para uma mudança determinada, nova em relação àquilo que viveram até então. A pergunta que fazem é: "Será que a vontade de Deus está conosco?". Será que são atraídos pela unção ou por um desejo apenas natural?

- Finalmente, há aqueles que já tomaram o cuidado de adquirir os recursos necessários para se certificar (tanto quanto for possível fazê-lo) de que seu "projeto" de vocação vem da sabedoria divina. Parece claro que Deus os chama assim, mas... "Qual a hora certa para dar o primeiro passo, ou é preciso esperar que as coisas ainda amadureçam?".

3. O período de reviravolta

Chamemos assim o que descrevíamos anteriormente como o pressentimento de uma **mudança de rumo em nossa vida**, nítido, ainda que não premeditado. Mas esclareçamos um pouco em que consiste esse período de reviravolta.

Trata-se de um momento para se tomar consciência: daquilo que compõe minha vida, e que já pode ser muito positivo, mas não me satisfaz mais. Evoquemos a história do jovem rico... Ainda que, honestamente, minha vida atual produza frutos para Deus, ela precisa de algo mais, não especialmente algo quantitativo, ou uma atividade mais importante. Jesus deseja ocupar um lugar maior em minha vida.

O período de reviravolta é portador de uma insatisfação positiva, que estimula um desejo de maior doação de mim mesmo ao Senhor, mesmo se não saiba como. A insatisfação dita negativa, ao contrário, é esterilizante. Ela nasce quando nos cansamos de nossa vida com Deus, quando fazemos dela uma rotina, quando ficamos entediados ou fartos dela.

De certa maneira, a insatisfação positiva não nos abandona definitivamente, mesmo quando tivermos respondido generosamente ao chamado divino, pois ela nos torna mais dinâmicos e revela que sempre estamos precisando de Deus, que Deus nunca se cansa de nos atrair para si. A vida com Cristo não é como um concurso no qual precisamos passar e, quando passamos, tudo está concluído e classificado! Ao contrário, quanto mais eu me encontro com Deus, respondendo ao seu chamado, com mais intensidade desejo ir adiante com ele. Finalmente, numa resposta sincera ao chamado, renovada dia a dia, não nos cansamos de seguir Jesus. Podemos até perder o fôlego algumas vezes, ou mesmo a coragem... São as tentações mais comuns. Mas nos cansar realmente, não, a menos que nos distanciemos demais de nossa unção ou de nossa fidelidade inicial.

O período de **reviravolta** geralmente é de fácil constatação em nossa vida, por menos que ousemos nos questionar claramente. Sua detecção é importante, pois sinaliza o trabalho da **graça**, como se Deus estivesse me preparando para receber uma **luz**. Todavia, não é preciso chegar a uma conclusão muito rápida num período de reviravolta, quando ele parece suceder a uma derrota, seja afetiva, profissional, seja até mesmo espiritual.

Mas cuidado com a falta de sabedoria! A derrota ocasiona com muita frequência uma perturbação interna que conduz a uma mudança, como que para compensar ou "recomeçar de outro modo", ou ainda simplesmente esquecer. Não se trata, indubitavelmente, de um verdadeiro período de reviravolta e não se deve então correr o risco de "inventar para si" um suposto chamado. É aqui que os desejos-refúgio podem particularmente entrar em cena.

Um último elemento para falsificar o **discernimento** de um período de reviravolta: quando a pessoa é marcada por um caráter instável. Com efeito, alguns têm essa tendência de sempre se modificar, mudando de atividade, de meio de vida, de amigos etc. Trata-se aqui de instabilidade evidente. Se nos reconhecemos assim, tomemos cuidado com nossas insatisfações. Elas podem ser apenas a expressão de nossa constituição psicológica, o que não quer dizer que Deus não espera nada de nós, mas que o discernimento deve se basear em outros fatores.

4. Os acontecimentos-sinais

A tomada de **consciência objetiva** desse período de reviravolta tem sua importância, pois significa, ainda que a indefinição quanto ao meu chamado permaneça, que já sou portador de mais indícios do que imagino. A percepção evidente de uma vocação não vem de uma só vez (ou pelo menos com raras exceções). Ela requer todo um trabalho interior da graça. Deus prepara o terreno, às vezes muito tempo antes, embora possa ser imperceptivelmente, a fim de poder, no momento oportuno, colher o fruto que se tornou maduro.

Se eu estiver atualmente num período de reviravolta, o Senhor não pode ter deixado de já falar através de certos acontecimentos. Talvez eu não tenha percebido, mas agora que minha vida parece começar a tomar um rumo diferente, posso estar certo disso. Pode me inspirar **confiança**, então, o fato de procurar os acontecimentos-sinais que são como que indicações divinas de meu chamado, mas que me escaparam de um modo ou de outro enquanto tais.

Desse modo, sou convidado a apreciar, se possível amparado por um diretor espiritual, os acontecimentos anteriores que podem me orientar numa melhor percepção de meu chamado. No entanto, trata-se bem menos de analisar alguns acontecimentos do que de discernir a continuidade deles. Se temos o hábito de dizer que Deus escreve certo por linhas tortas, quer dizer que há uma linha diretriz subjacente na vida de cada um. Essa linha vem para a superfície por ocasião de circunstâncias particulares que se tornam, naquele instante, carregadas de sentido.

Apesar das aparências, os acontecimentos determinantes de uma vida não são independentes, nem brotam ao acaso. Deus tem como que um "pensamento de fundo" em relação a cada um, e sua providência faz com que certos fatos, talvez discretos ou esquecidos, talvez intensos, se tornem para nós sinais de sua expectativa a nosso respeito.

Contudo, eles são sinais, à medida de sua continuidade ou de sua convergência. É preciso dar-se tempo para apreciar essa continuidade, pois ela não salta aos olhos logo de cara. Não é raro que os primeiros "toques" de um chamado (ou seja, os primeiros acontecimentos-sinais) ocorram cedo em nossa existência: no período da pré-adolescência ou mesmo na infância. Os pais, nesse assunto, nem sempre agem do modo mais favorável possível, ao passo que seu papel é indispensável para a manifestação de um eventual chamado. Como uma moça que conheço, de vinte e um anos, que se sente chamada desde a idade de onze anos à vida consagrada, mas que foi alvo da zombaria e oposição de seus pais, na época em que lhes confiara seu anseio. Dez anos depois, ela se vê diante de um período de reviravolta, mas o discernimento do primeiro "toque" é difícil e doloroso.

Os acontecimentos são expressivos quanto ao nosso chamado e nos aparecem como sinais, sobretudo durante um período de reviravolta. Porém, cuidado para não espiritualizar demais, vendo sinais por todo lado, particularmente em circunstâncias que nos acomodam ou vão no sentido de nossos desejos naturais...

5. As perguntas falsas

A busca de nosso chamado quase sempre nos deixa preocupados, antes de sermos finalmente iluminados. Devido à preocupação, diversos questionamentos de todos os tipos atingem nosso coração e nossa inteligência. Eles nos parecem importantes, enquanto não são, de fato, nem capitais nem prioritários, pelo menos no contexto de nossa maneira de agir e pensar. Eles nos parasitam e nos confundem, em vez de nos aproximar da luz esperada, podendo inclusive constituir um obstáculo à percepção do que o Espírito deseja nos revelar sobre nosso chamado.

Um dos exemplos clássicos disso é a questão do estado de vida, responsável pela cristalização de muitos medos e desperdício de energia: vida religiosa ou matrimônio? Matrimônio ou vida religiosa? Esse é tipicamente o gênero de questão que é como a árvore que esconde a floresta: focalizamos nela nossos medos e pensamos que Deus deve falar primeiro, respondendo claramente. Mas Deus talvez não tenha vontade de passar por aí para manifestar seu chamado!

Nós então corremos o risco, para empregar uma imagem, de esperar o trem na plataforma errada... ao passo que nosso trem passará na plataforma ao lado, e nós o perderemos.

Portanto, tenhamos a coragem de nos libertar dos falsos questionamentos que nos atormentam, para podermos deixar nosso coração e inteligência disponíveis. Joguemos fora as imagens que entulham nossa mente e nos coloquemos à escuta do Espírito.

Da mesma maneira, desconfiemos das ressalvas preliminares: esperamos que o Senhor nos fale intimamente, mas excluímos precedentemente aqueles assuntos que nos apavoram e sobre os quais não desejamos (conscientemente ou não) conhecer a opinião de Deus. "Senhor, eu te seguirei por onde quiseres... mas não por ali!". Nossa disponibilidade interior deve ser total, para que possamos entender e discernir o que Deus espera de nós.

6. Encontro entre desejos e acontecimentos

Uma regra preciosa deve ser conhecida no discernimento de uma vocação: um chamado se situa sempre no cruzamento entre certos desejos persistentes em nós (sobrenaturais) e acontecimentos-sinais que já vivemos ou ainda estamos vivendo. Estes não prescindem daqueles! São como que complementares e a sabedoria divina "organiza" sua convergência, em proveito de nosso **chamado**.

Posso querer ser padre. Essa aspiração interior tem habitado em mim de modo bem constante, embora antigamente ela estivesse vinculada aos meus "altos e baixos"... Mas os acontecimentos-sinais se concretizam por meio de encontros determinantes com alguns padres, coincidências incontestáveis me sensibilizando ao sacerdócio, conselhos de pessoas objetivas etc. Se eles não se manifestarem assim, cuidado!

Certos acontecimentos me levaram a uma atividade profissional determinada e, questionado por meu próprio chamado, pergunto-me se essa atividade está na ordem de minha vocação. Sou competente naquilo que faço, mas será que estimo profundamente minha profissão? Se a resposta for positiva, se na **oração** eu a recebo de modo tranquilo, sem angústia nem reticência interior, mas no arrebatamento de um desejo autêntico e inspirado... então sim, sem dúvida minha atividade faz **parte do meu chamado**.

7. O equilíbrio psicoafetivo

Um chamado, conforme vimos, não depende nem se limita às feridas interiores ou perturbações particulares que são capazes de nos fazer sofrer ainda mais. Muitos acreditam que seria conveniente fazer uma terapia (seja ela qual for) antes de se preocupar com uma vocação. Isso está errado. Deus não espera que sejamos curados deste ou daquele problema para manifestar seu chamado. Às vezes, inclusive, a resposta a um chamado é que terá verdadeiramente função terapêutica (com o passar do tempo) para dificuldades pessoais.

Esse princípio, contudo, não exclui a prudência. O bom senso permitirá que se avalie a situação presente em sua fragilidade, para que se possa saber se é bom ou não tomar uma atitude no contexto de uma vocação. Esse mesmo bom senso examinará se existe uma falta de compatibilidade atual entre a vulnerabilidade em questão e a forma de chamado pressentida.

Às vezes, um problema de saúde, um equilíbrio familiar ou afetivo perturbado, um período de depressão... poderão nos enfraquecer ou desestabilizar por um tempo. Nesse caso, é melhor então, na paciência, protelar a concretização do chamado.

Uma jovem que acabara de sair de um estado de depressão devido a uma doença de tireoide, e desejando entrar no Carmelo (este exemplo é real), faz bem em esperar alguns meses, para que sua vocação de carmelita não cause maiores dúvidas no futuro.

O mesmo se pode dizer a respeito de uma família que se sente chamada a entrar em tal comunidade de vida. O chamado parecia autêntico, mas dois dos três filhos (os mais velhos) se opõem. Apesar da realidade do chamado, uma decisão efetiva constitui algo, por enquanto, ainda irrealizável, para que não se comprometa o equilíbrio da unidade familiar.

8. Relativizar a contribuição carismática

Os carismas podem ser úteis num discernimento vocacional, embora nunca sejam determinantes para uma escolha de vida de seguimento a Jesus. Deve-se relativizar sua contribuição, não porque se desconfie desse "fenômeno" em si mesmo, mas porque ele nunca é suficiente, por si só, para que se possa tomar uma decisão de definição de vida.

Estas considerações são necessárias, no contexto atual de renovação carismática, em que vocações de variadas formas pululam e o exercício dos dons do Espírito encontra um lugar que não se pode ignorar, o que é normal. Entretanto, no que diz respeito ao assunto de que tratamos neste livro, os **carismas**, que não queremos desvalorizar nestas páginas, são muito subjetivos para constituir uma indicação segura de discernimento... O mesmo se pode dizer daquilo que se conhece como carisma de discernimento, que não é o verdadeiro discernimento de tipo mais intuitivo, estabelecido sobre uma experiência e tendo como alicerce o **dom da inteligência**.

Uma profecia e uma palavra de conhecimento recebidas[1] não terão mais do que a finalidade de confirmar uma intuição interior já persistente. Elas poderão algumas vezes esclarecer melhor, trazer uma definição a mais ou dar aquele "jeitinho" nas hesitações. Mas jamais serão determinantes no discernimento de um chamado.

9. Temer ou apreciar o chamado?

É normal, diante da percepção de um chamado, temer esse horizonte novo que se abre na nossa frente, com seu algo de desconhecido. Mas confiemos em Deus: ele sempre nos permitirá amar aquilo a que nos chama, ainda que nos seja necessário um tempo de adaptação. O importante é saber que Deus nunca faz pressão sobre nossa consciência, nem viola nossa liberdade. Não seremos tocados por seu chamado como um corpo estranho à nossa personalidade e à nossa vida. Mesmo nos surpreendendo no início, um chamado que se recebe se destina a nos fazer felizes e mais santos.

---

[1] MADRE, Philippe. *Le charisme de connaissance*. Ed. du Lion de Juda, 1985.

Alguns apreciarão logo de cara sua vocação; outros não se apaixonarão tão rápido por ela, mas a paixão virá. **A fidelidade ao chamado recebido desemboca sempre na alegria. Deus quer nossa felicidade**.

10. Não esperar para estar pronto

A sensação de estar suficientemente pronto para responder ao nosso chamado é rara. Na maior parte das vezes, não nos sentimos prontos o bastante, o que constitui um sentimento normal, que nos convém descartar. Se fizermos dele um pretexto para recuar ou adiar inutilmente, enquanto nosso chamado é claro, a tristeza nos espreitará.

De qualquer maneira, jamais teremos as aptidões suficientes (na nossa opinião) para nos lançar na aventura da vocação. Se adquiri-las condiciona nossa resposta, estamos seguindo pelo caminho errado.

Se Deus, para chamar alguém a servi-lo, esperasse que estivesse pronto, não haveria trabalhadores para sua messe...

11. O salto no escuro*

Mesmo quando estamos convencidos de nosso chamado, dar-lhe uma resposta pressupõe sempre a experiência do salto no escuro. Há essa impressão de se colocar o pé sobre um solo desconhecido, sem saber ao certo o que me espera e de que modo. Cabe-nos enfrentar esse salto no desconhecido, que se manifestará como eficaz escola de confiança em Deus.

---

*   O autor utiliza a expressão "saut dans la foi", cuja tradução literal seria "salto na fé". Preferimos traduzi-la por "salto no escuro", por ser uma expressão empregada por animadores vocacionais no Brasil. [N.T.]

A experiência é ao mesmo tempo extraordinária e dolorosa, pois esse salto no desconhecido (e não no vazio!) é como o aguilhão da qualidade do "sim" que darei a Deus.

Parece claro que, quanto mais eu viver esse salto na fé e na confiança, no abandono, mais profundo será meu "sim" inicial, e mais fecunda será minha vida com o Senhor... se eu permanecer nesse "sim".

Existe como uma relação de proporcionalidade entre a qualidade de meu salto no escuro (e no desconhecido), a qualidade de meu "sim" dado a Deus e a fecundidade de meu "ser-eleito".

Aqui também Maria é o exemplo mais significativo: ela que foi convidada a viver em sua resposta à saudação do anjo essa experiência de salto no escuro. Ela deu esse salto com tamanha confiança, tamanho abandono, que seu *fiat* pôde ser total e sua vida, de uma fecundidade sem igual.

É sem dúvida nenhuma por ela que nós podemos solicitar essa graça de confiança, a fim de nos lançarmos como crianças nos braços do Pai, lá onde ele mais precisa de nós.

Exercício espiritual

- Considerar cada um dos pontos que foram tratados neste capítulo. Aplicá-los para si mesmo, sobretudo aqueles pelos quais nos sentiríamos mais atraídos, ou talvez revoltados. Preparar-se, a partir deles, para responder às questões fundamentais que haverão de surgir. Esses pontos vão como que colocar nosso coração em boa disposição para a conclusão que nos espera.

CAPÍTULO VII

Abertura para a luz

Eis que chegamos ao **coroamento de nosso percurso**, ao desfecho a que estas considerações nos prepararam, não somente por intermédio de sua leitura, mas principalmente pela oração e pela meditação, pela "gestação" das mesmas considerações em nossos corações. Os conselhos de um diretor espiritual puderam nos fornecer uma ajuda preciosa para respondermos neste momento, do modo mais claro possível, às cinco perguntas finais.

Os ângulos abordados, ao serem aplicados à nossa vida, permitiram que nos tornássemos mais capazes de responder-lhes *em verdade* – a **verdade** da pedagogia de Deus para conosco, a verdade do que somos, com nossos fardos e limitações.

As cinco respostas – que formam um conjunto – nos abrirão a uma (melhor) percepção de nossa unção e nos permitirão pressentir *concretamente* aquilo a que a graça nos atrai. Lugares, formas, mudanças de vida nos aparecerão mediante tais respostas e será importante levá-las a sério, mesmo que receios surjam paralelamente.

De qualquer maneira, uma **sensação de chamado** deve sempre encontrar sua confirmação por meio de uma provação que ponha em ordem aquilo sobre o que nossa vida se achava antes alicerçada. Pois o erro é possível e é legitimamente prudente optarmos por um rumo para nossa vida somente depois de termos experimentado concretamente aquilo que pressentimos a respeito de nossa vocação.

Antes de respondermos às cinco perguntas que seguem, invoquemos uma vez mais o Espírito Santo, a fim de sermos informados a respeito das profundezas da Sabedoria e revestidos da luz de Cristo.

1. Estou ou não, conscientemente, num período de reviravolta?

Falamos razoavelmente sobre esse sentimento possível e insistente de uma guinada em nossa vida.

Se minha resposta for "sim", já estou em possessão de uma quantidade satisfatória de sinais de chamado e, sem que isto seja uma provocação para Deus: posso levar a sério os desejos sobrenaturais que puderam emergir recentemente (ou mesmo longinquamente), assim como os acontecimentos-sinais que parecem confirmá-los.

Se minha resposta for "não objetivamente", é preferível que eu mantenha minha vida em sua forma atual, ao mesmo tempo que infunda nela mais oração, mais atenção e escuta interior. Pode ser igualmente oportuno tentar resolver um eventual problema que serviria de obstáculo à minha disponibilidade para Deus. Não serei eliminado da escolha de Deus, mas preparado para um período de reviravolta posterior.

No entanto, há uma exceção quanto a uma resposta negativa de minha parte: se já sei, e certamente há muito tempo, **aquilo a que sou chamado** e resolvo fugir...

2. Com qual personagem bíblico você se sente mais em comunhão?

Sejamos claros: não se trata de uma simpatia afetiva ou de um interesse intelectual. A questão não é que esse personagem nos agrade em função daquilo que ele viveu ou de uma correspondência entre sua história e a nossa.

Estamos falando de uma comunhão, de uma espécie de ressonância (que muitas vezes nos é difícil explicar) entre mim e ele, mesmo ele sendo santo... e eu [ainda] não! O que há é como uma atração (não afetiva, em primeiro lugar) minha em direção a ele. Isso não quer dizer que para cada um corresponda necessariamente um personagem determinado, mas também pode ser um episódio de sua vida, como Maria de Betânia aos pés de Jesus, ou Simão de Cirene carregando a cruz, ou Jesus no Getsêmani.

A resposta é mais do que difícil e nosso percurso pôde nos ajudar a formulá-la neste momento, ao mesmo tempo que a despojamos de certo tipo de interesse espiritual egoísta, que está presente em todos nós. De fato, nossa resposta manifesta uma **afinidade com nossa unção** e a concretização de nosso chamado deverá levar isso em consideração. Se eu me "identifico" com esse personagem, minha vocação me permitirá apenas reencontrá-lo ainda mais no rumo que desejo dar à minha vida.

3. Se eu tivesse de dar um passo decisivo adiante (seja qual for sua forma ou direção), a noção de corpo-comunidade é necessária para mim?

Aqui também é preciso que sejamos claros: quando estamos falando de corpo-comunidade, não há alusão a uma forma precisa de comunidade, nem mesmo comunidade de vida. Essa expressão significa simplesmente a dimensão de **vida fraterna** em suas exigências de dependência de outrem, tanto quanto de obediência (num grau maior ou menor). Alguns podem "não se sentir atraídos" a viver essas exigências, outros podem, ao contrário, desejá-las.

A resposta sincera que darei livremente será clara quanto à forma de vida à qual aspiro e que a graça confirma em mim. Ela pode, aliás, estar ligada à questão seguinte...

4. Se eu precisasse abrir mão de algo – para seguir Jesus –, de que teria medo de me despojar?

Não se trata de um despojamento de ordem material (embora este também possa se mostrar necessário), mas de outras formas de renúncia, como a de um vínculo afetivo, de uma situação profissional, de determinado conforto espiritual, de uma imagem de mim mesmo (que me justificaria a consideração de outrem), de minha independência etc.

As respostas permitem individualizar os obstáculos que nos impediriam de objetivar concretamente tal lugar, tal forma, tal mudança de vida. Denunciá-los em nós mesmos pode nos libertar, nos purificar diante deles, permitindo que Deus nos conforte naquilo que já podemos **pressentir de nosso chamado**, mas no qual o medo do despojamento nos faz hesitar... ou nos cega um pouco.

Lembremos que não é porque temos medo de determinada renúncia, que Deus vai nos pedir para praticar justamente essa.

5. Onde será que reconheço primeiro a presença de Cristo que desejo encontrar?

É o fruto de nossos desejos sobrenaturais que apresentamos aqui. Se sou apegado ao Senhor Jesus, onde é que o encontro primeiro pelo testemunho do Espírito em meu coração? Na adoração? Na evangelização? Na vida reclusa? Nos pobres? – e que tipo de pobreza especificamente? No engajamento profissional como serviço à humanidade? Nos enfermos? Na catequese? Na oração? Na abstinência sexual? Na consagração? No matrimônio? etc.

Podemos dar, quando existem, vários elementos diferentes de respostas.

Dali brota – quando há **resposta verdadeira** – mais claramente ainda a luz quanto ao que Deus espera de mim, iluminando melhor a forma desse chamado.

Não nos esqueçamos de considerar a *convergência* das cinco respostas antes de nos arriscar numa conclusão. Se, por exemplo, a resposta 3 me diz que sou atraído enormemente pela ideia de corpo-comunidade e a 5 me informa que me interesso pelos pobres, tenho condições de procurar uma comunidade que se coloque a serviço da forma de pobreza que meu coração me impulsiona a servir. Tendo-a encontrado, quem me impede de ir e ver, a fim de experimentar por um tempo a vida desse lugar e perceber se nele encontro meu lugar.

Se a resposta 5 me mostra a adoração e a vida reclusa, a 3 me fala de comunidade e a 1 diz não ao período de reviravolta, a conclusão talvez não seja logo a de que uma comunidade de vida contemplativa retirada me espere, mas que ainda é muito cedo para mim e convém deixar as coisas amadurecerem... O que não me impede de "fazer investigações" para encontrar essa comunidade, visitá-la e, assim, permanecendo ainda em meu estado atual de vida, habituar-me a ela. Se me sinto em casa quando estou ali, ela mais tarde me abrirá completamente suas portas.

Poderíamos multiplicar os exemplos, o que seria desnecessário. O essencial se adquire nos corações e é preciso **confiar ao Espírito Santo** o cuidado de guiar nossa conclusão na intimidade de nossa história pessoal com Deus.

Esse tipo de discernimento que apresentamos pode parecer dedutivo ou um pouco matemático, mas aquele ou aquela que entrar nessa empreitada plenamente, não o viverá assim. Ao contrário: trata-se de caminhos que se abrem diante de nós, colocando-nos em ordem, até mesmo estimulando **nossa liberdade**.

Se, no meio desse percurso, nenhum esboço de discernimento se tornou possível, talvez seja pelo fato de nossa atenção não ter sido suficiente ou de permanecermos cegos a uma dimensão importante de nossa vida, a menos que ainda não seja o momento de Deus nos manifestar sua vontade. Às vezes ele tem necessidade de nos instruir melhor, de nos fortalecer antes de falar... Por isso: tenha paciência! **Deus se importa muito conosco para não nos chamar**

ao seu seguimento e nos conduzir pela estrada da verdadeira alegria.

Como ação de graças, seria bom que relêssemos estas palavras de Paulo aos Romanos:

E nós sabemos que Deus coopera em tudo para o bem daqueles que o amam, daqueles que são chamados segundo o seu desígnio. Porque os que de antemão ele conheceu, esses também predestinou a serem conformes à imagem do seu Filho, a fim de ser ele o primogênito entre muitos irmãos. E os que predestinou, também os chamou; e os que chamou, também os justificou, e os que justificou, também os glorificou (Rm 8,28-30).

Sumário

Introdução 3

Capítulo I
Os questionamentos do coração humano 9
  1. Os dois tipos de questionamentos 10
  2. A resposta humana 12
  3. Uma existência habitada por Deus 18

Capítulo II
Alguns chamados da Bíblia 21
  1. Abraão 22
  2. Pedro 28
  3. Mateus 35
  4. Zaqueu 37
  5. O endemoninhado geraseno 40
  6. Matias 41
  7. O jovem rico 43
  8. Maria Madalena 45
  9. Os primeiros sofrimentos de Jesus 47

Capítulo III
Os medos 53
  1. As falsas imagens de Deus 54
  2. Toda pessoa é um ser ferido 57
  3. O medo de Deus 60
  4. Discernir os medos 63
  5. Os medos específicos do chamado 64

Capítulo IV
Liberdade e desejos 71
  1. A noção de liberdade 71

2. Os desejos 74
3. Desejos naturais e desejos sobrenaturais 76
4. Como perceber esses desejos sobrenaturais? 78
5. Desejo natural ou sobrenatural? 80
6. Viver um desejo sobrenatural 82
7. Os desejos-refúgio 83

Capítulo V
A unção 87
1. A unção no Antigo Testamento 87
2. A unção no Novo Testamento 89
3. Características da unção 92

Capítulo VI
Para um discernimento de nossa vocação 97
1. A urgência dos tempos 97
2. As duas grandes questões 99
3. O período de reviravolta 100
4. Os acontecimentos-sinais 102
5. As perguntas falsas 104
6. Encontro entre desejos e acontecimentos 105
7. O equilíbrio psicoafetivo 106
8. Relativizar a contribuição carismática 107
9. Temer ou apreciar o chamado? 108
10. Não esperar para estar pronto 109
11. O salto no escuro 109

Capítulo VII
Abertura para a luz 111
1. Estou ou não, conscientemente, num período
de reviravolta? 112
2. Com qual personagem bíblico você se sente
mais em comunhão? 113

3. Se eu tivesse de dar um passo decisivo adiante,
a noção de corpo-comunidade é necessário
para mim.. 114
4. Se eu precisasse abrir mão de algo, de que teria
medo de me despojar...................................... 114
5. Onde será que reconheço primeiro a presença de
Cristo que desejo encontrar?........................... 115